Mythologie ég

Anciens dieux, déesses, d
légendes et mythes fascinants de l'Égypte

Par les lecteurs de History Activist

Introduction

Vous aimez découvrir les civilisations anciennes ?

La mythologie égyptienne est l'une des plus anciennes et des plus fascinantes du monde. Il est rempli d'histoires de dieux et de déesses, de héros et de méchants, d'amour et d'aventure. Ce livre offre un aperçu complet de tous les principaux dieux et déesses, ainsi que des figures moins connues de la religion et de la mythologie égyptiennes. Il comprend également des récits historiques qui donnent un aperçu de la culture et des croyances des anciens Égyptiens.

Les Égyptiens considéraient la religion et le mythe comme une seule et même chose, et leurs dieux et déesses étaient donc présents dans les deux. Les histoires racontées sur ces divinités n'étaient pas un simple divertissement, elles faisaient partie intégrante de la religion et de la pensée égyptiennes.

À travers leur mythologie, les Égyptiens expliquaient les phénomènes naturels, tels que la crue annuelle du Nil, et fournissaient des conseils sur la manière de vivre harmonieusement en société. Les dieux et les déesses représentaient différents aspects de la nature humaine, et leurs récits donnent un aperçu des valeurs et des croyances de la culture égyptienne ancienne.

Dans ce livre, vous découvrirez l'histoire de la création de l'univers, les aventures d'Osiris et d'Isis, la colère de Seth, et bien d'autres récits passionnants de l'Égypte ancienne. Grâce à une écriture captivante, ce livre vous transportera dans le temps, dans un monde de dieux et de déesses.

Table des matières

La mythologie égyptienne

La mythologie égyptienne est la collection d'histoires sur les dieux tels qu'ils étaient vénérés dans l'Égypte ancienne. Cette mythologie est souvent particulièrement confuse car elle a été créée et développée sur environ quatre millénaires, chaque ville d'Égypte ayant ses propres idées sur le fonctionnement du monde des dieux. Une grande partie du matériel mythologique est antérieure à l'unification de l'Égypte ancienne. En raison de ces différences entre les villes, nous pouvons également rencontrer des versions différentes. Par exemple, Hathor et Isis pourraient toutes deux avoir été la mère d'Horus. Les Égyptiens n'avaient pas vraiment de problème avec cela, car leur religion n'était pas enchâssée dans des dogmes.

Netjer

En fait, les anciens Égyptiens ne connaissaient pas de dieu transcendant, mais un dieu immanent. Le divin était toujours et partout co-présent. Chaque force naturelle, force surnaturelle, loi ou facette du cosmos était non seulement nommée, mais également désignée par sa propre représentation visuelle. Pour en pénétrer quelque peu le sens, il est important de reconnaître certaines règles caractéristiques de celles-ci (voir "Images").

Par exemple, les netjer (nom donné aux "divinités", désignées plus tard par les Grecs par le mot θέος, theos) n'étaient pas représentés à l'origine, car on considérait que toute représentation détournerait l'attention de leur véritable nature. Ce n'est qu'au bout d'un certain temps qu'ils ont accepté d'utiliser quand même une représentation pour cela, une mesure qui a finalement conduit à l'excès visuel qui caractérise les représentations mythologiques égyptiennes.

Images

On peut reconnaître dans l'image certaines lois qui peuvent conduire à une meilleure compréhension du sens. Par exemple, à l'époque prédynastique, un netjer était souvent désigné par un animal totem. Cela pourrait alors varier en fonction du lieu. Le netjer Sobek, par exemple, pouvait être représenté comme un crocodile, ou ailleurs prendre la forme d'un lion. Très vite, une image anthropomorphe a été choisie, mais la tête était représentée comme celle d'un animal totem, ou un autre symbole spécial était placé au-dessus de l'image. Ces symboles ou couronnes pourraient éventuellement être de plus en plus composés de tels symboles de la même divinité provenant de différents endroits. Les couronnes composites égyptiennes en sont un exemple. Parfois, ils étaient également complétés par des cornes de bélier ou de taureau, par un uræus simple ou double, par des parties de plantes et des plumes, etc. Tous ces signes parlent silencieusement leur propre imagerie de symboles indiquant des significations spécifiques. En outre, il y a les différentes postures, comme un geste de protection ou de bénédiction, la prise par la main pour être guidé, l'assise sur un trône en signe de pouvoir (ou la représentation d'un trône au-dessus de la tête comme pour Isis). En outre, on découvre toute une série d'attributs tels que différents types de sceptres et de bâtons, chacun dénotant un type de pouvoir différent, comme par exemple :

- le medustok, qui signifie le droit de parler, "avoir son mot à dire",
- l'anneau, indiquant la domination sur ou pour l'éternité,
- le renpit, une veine de feuille de palmier dentelée qui représente une certaine validité temporelle,
- le signe de l'ancre, qui caractérise la présence dans une autre dimension - celle de l'au-delà.

Pour nuancer et expliquer davantage les images, des hiéroglyphes sont généralement ajoutés. Il s'agit également au départ d'idéogrammes (représentations visuelles d'idées), qui ne se transforment que plus tard en phonogrammes. Parfois, les deux formes apparaissent simultanément entremêlées dans les descriptions des mythes, représentant les mouvements et les connexions associés aux images, généralement en forme de relief et également polychromées.

La tenue des dieux correspond à la mode de 2800 avant Jésus-Christ. Leurs vêtements n'ont pas évolué avec la mode car ils étaient en dehors de notre époque humaine.

Les statues de culte étaient généralement faites d'or. Comme ce matériau est immuable dans le temps, cela indique également que les dieux sont en dehors de notre cycle temporel, c'est-à-dire dans un cycle qui est "un million de fois" plus grand. En raison de la préciosité du matériau, peu de statues de culte ont survécu ; la plupart ont été refondues après avoir été pillées.

Le monde des dieux des Égyptiens se composait de dizaines de dieux, chacun ayant ses propres points de repère, comme la couronne Ateph d'Osiris et l'Oie sur la tête de Geb. Les symboles qu'ils tiennent dans leurs mains sont également des indications de leur position et de leur pouvoir.

7

D'autres formes de repères comprenaient l'assimilation avec des animaux. Le dieu était alors représenté sous la forme d'un animal (généralement la première période) ou sous une forme hybride, une forme humaine méconnaissable combinée à celle d'un animal. Un exemple est Thot, qui avait le visage d'un ibis dans un corps humain. Ce choix n'est pas arbitraire ; après tout, les Égyptiens regardaient beaucoup la nature et peuvent donc être considérés comme une religion de la nature. Par exemple, la déesse Toëris était représentée sous la forme d'un hippopotame. Un hippopotame représente le danger et est protecteur de ses enfants. Il s'agissait donc d'une déesse de la grossesse qui protégeait les femmes enceintes. De nombreux autres dieux ont existé sous la forme de faucons, car les faucons sont souvent dans le ciel et étaient donc vénérés comme des dieux du ciel, tels que Râ et Sokaris.

Comme l'histoire de l'Égypte s'étend sur plusieurs millénaires, certains dieux ont pris différentes apparences au fil du temps. Certains dieux n'étaient initialement vénérés que sous forme de symboles (Min, Chons et Neith). Plus tard, on leur a donné des corps ou on les a représentés sous forme d'animaux. Certains dieux ont été assimilés par des dieux plus connus par la suite ; par exemple, Osiris a adopté les symboles de Chentiamenoe et d'Anhur. Hathor et Isis ont été comparées à une époque ultérieure de telle sorte que l'on ne pouvait savoir qu'à partir du texte s'il s'agissait d'Isis ou d'Hathor.

En classant les dieux selon nos termes, nous pouvons les diviser en :

- les dieux humains (dieux masculins, dieux féminins et dieux enfants) ;
- les dieux animaux, qui peuvent à leur tour être subdivisés en mammifères (vaches, chats, hippopotames, chiens, moutons et autres), reptiles, poissons, amphibiens et insectes.

Il existait également de nombreux dieux mentionnés exclusivement dans des livres (livres des morts, livres des portes, textes des pyramides) et des démons qui n'étaient pas vénérés mais apparaissaient sur des peintures murales.

Mythes

Les Égyptiens avaient peu de mythes par rapport à la mythologie grecque ou romaine. Leurs histoires variaient beaucoup d'une ville à l'autre, et la plupart des mythes racontaient la création du monde. De plus, les dieux n'étaient pas humains : ils avaient un nombre très limité de traits de caractère et étaient à peine nuancés. En règle générale, les contacts entre les dieux et les mortels étaient pratiquement inexistants. On ne pouvait les atteindre qu'à travers le pharaon, le *nefer neter*, la seule "divinité humaine". Quelques mythes connus de l'Égypte ancienne :

- Histoires de la création égyptienne
- Destruction de l'humanité par Hathor
- La bataille entre Horus et Seth
- Chnoem et les sept années de vaches maigres
- Râ et Isis
- Isis et les sept scorpions

Complexité

La mythologie égyptienne est l'une des plus impénétrables et compliquées que l'humanité ait jamais connue. Les causes en sont :

1. la vaste période de près de quatre millénaires dans laquelle se situe la civilisation égyptienne ancienne ;
2. la grande dispersion géographique dans laquelle, en fait, plusieurs mythologies se sont développées simultanément et ont ensuite convergé ; et
3. l'absence de langue écrite à l'époque où les idéogrammes et les représentations visuelles étaient généralement utilisés pour représenter des idées et des concepts philosophiques et mythologiques abstraits.

Ces facteurs ont conduit à une collection apparemment confuse de représentations de divinités, dans laquelle certains détails sont facilement négligés ou incompris. En outre, il existe souvent de multiples versions des divinités et des mythes. Cela est principalement dû aux lieux où ils ont vu le jour ou à la concurrence entre les divinités et les histoires locales qui a conduit à un statu quo. Les écoles de Memphis, d'Hermopolis Magna, d'Éléphantine (Thèbes) et d'Héliopolis, chacune avec sa propre histoire de la création égyptienne, ont été des centres historiques importants à cet égard. En plus de ces centres, il y avait des centres plus petits, comme Panopolis *(Achmin)*, où des divinités propres ou des combinaisons de dieux et de mythes étaient transmises.

Il est régulièrement arrivé que les Égyptiens eux-mêmes ne sachent plus où donner de la tête ; ainsi, tout au long de sa longue histoire, un certain nombre de "systématisations" ont également été imposées et mises en œuvre par le haut :

9

1. Systématisation du monde des dieux pendant l'Ancien Empire : tous les dieux apparaissant à des époques ultérieures sont déjà présents à cette époque ; ils sont liés par des hiérarchies. D'importantes écoles apparaissent (Memphis, Héliopolis et autres sites de culte). L'Ogdoade d'Hermopolis, qui définissait les quatre paires de dieux primordiaux, aurait également été reformulée ici. Ses origines remonteraient à l'époque prédynastique.
2. Entrée d'Amon dans le Moyen Empire : le système hiérarchique de l'Ancien Empire reste intact à l'exception de quelques divinités, mais à la tête de ce panthéon apparaît un nouvel " algode " dont l'origine n'est pas claire : Amon, (qui fusionnera plus tard avec Rê pour former Amon-Rê).
3. Les dieux du royaume et le dieu du soleil au Nouvel Empire : tous les dieux ont été impliqués dans le culte du soleil, même l'ancien dieu crocodile Sobek a reçu des caractéristiques solaires. Amon s'affirme comme le dieu principal exclusif, supplantant Rê, dont le pouvoir créateur est usurpé par Atum. Les apparences ont changé, la représentation des dieux sous forme d'animaux a prévalu. L'apogée théologique sous Akhenaton suit, au cours de laquelle l'Aton de la période amarnienne est séparé d'Amon et les dieux traditionnels de la création sont abolis. Aton (littéralement *disque solaire*) est devenu la présence physique du dieu suprême.
4. Systématisation par les Ptolémées : une image de dieu empruntée à la tradition égyptienne autour d'Osiris-Apis va réconcilier la mythologie avec les représentations hellénistiques. Horus, Osiris, Isis et Anubis ont reçu une apparence hellénistique ou ont été complètement transformés sous cette forme et ont reçu des noms grecs. Amon est devenu Zeus, Horus Apollon, Hathor est devenue Aphrodite. La même chose s'est produite avec les principaux sites de culte : Apollinopolis, Diospolis et Aphroditopolis.

Influences politiques

Dans l'Égypte ancienne, l'importance des dieux dépendait souvent de l'importance de leur centre culturel. Au début (1ère et 2ème dynasties), le dieu Horus était très important et était associé au roi. Vers l'Ancien Empire, on est passé de Horus à Râ.

Au cours de la première période intermédiaire, le dieu Sobek a pris une grande importance à mesure que le Fayoum devenait politiquement important. Après le Moyen Empire, Thèbes et le panthéon thébain s'imposent sous la forme de Montoe et d'Amon. Au Nouvel Empire, les amalgames entre différents dieux deviennent plus courants et l'empire égyptien est également plus ouvert aux influences étrangères. Ainsi, des dieux étrangers ont également fait leur entrée dans le panthéon égyptien (par exemple, Astarté). L'influence du souverain pouvait également être déterminante : on pense au culte d'Aton sous Akhenaton ou à l'introduction de Sérapis à l'époque ptolémaïque. Enfin, la période gréco-romaine a vu la grécisation des dieux anciens. Les anciens dieux égyptiens étaient comparés aux dieux grecs et romains.

Regroupement

Outre les dieux "communs" qui étaient vénérés, il y avait aussi d'autres dieux. Ils peuvent être classés en plusieurs groupes, à savoir

- Les 42 juges de la chambre de vérité
- Démons
- Livre des dieux de la caverne
- Livre des Portes
- Groupes (Dyade, Triade, Ogdoade et Enneade)
- Les dieux de la maison
- Dieux provinciaux ou Nome (Nomos et Nomarch)
- Les dieux des étoiles
- Les dieux des heures du jour et de la nuit
- Les âmes de Nechen et de Pe
- Fils d'Horus

Mythes de la création de l'Égypte ancienne

Il y a plusieurs **histoires de création en Egypte**. Chaque grand centre religieux avait son mythe. Ils étaient centrés sur le dieu "local" et le présentaient comme le créateur de l'univers. Il est probable que certains mythes seront plus répandus que d'autres, mais nous ne pouvons pas dire lequel était le plus important.

Histoire de la création de Memphis

Ce mythe est conservé sur la *pierre de Shabaka*, une dalle de granit noir fabriquée par le roi Shabaka sous la 25e dynastie égyptienne, qui se trouve aujourd'hui au British Museum. Le dieu Ptah, qui occupait une place centrale à Memphis, s'était créé lui-même et avait créé toute chose en la concevant dans son cœur, puis en la prononçant à voix haute. En Égypte, les gens pensaient que le cœur était le lieu de la conscience et le fait de s'exprimer montre la croyance dans les pouvoirs magiques que les mots pouvaient avoir. Il a d'abord créé les dieux, puis les temples. Les dieux pouvaient y vivre et Ptah fabriquait des statues en bois, en argile et en pierre pour servir de corps à leurs ka. Nous voyons ici la croyance qu'une image pouvait préserver une âme (pensez par exemple aux statues ka). Puis Dieu a créé les humains et les animaux en les appelant par leur nom.

Histoire de la création d'Hermopolis Magna

Hermopolis Magna était située dans le centre de l'Égypte et était le centre de culte du dieu Thot où il était honoré ainsi qu'une unité arrière, l'Ogdoade d'Hermopolis. Le récit de la création est basé sur les phénomènes de la nature, comme en témoigne l'histoire suivante :

Au début, rien n'existait, il y avait les ténèbres et les eaux primordiales. Dans ceux-ci vivaient les quatre couples de dieux primordiaux dont les mâles sont parfois représentés comme des grenouilles, les femelles comme des serpents.

- Eaux primaires (Noen et Naunet),
- L'air ou la puissance cachée (Amon et Amaunet),
- Ténèbres (Kek et Keket) et
- L'infini (Heh et Hehet)

Les grenouilles ont formé une éruption de haute énergie et le début de la création. Une colline primordiale Benbenv (île de la flamme) est apparue dans l'océan primordial Noen et le dieu Thot y a placé un œuf ; l'œuf s'est ouvert et le soleil en est sorti comme une oie et s'est élevé dans le ciel. Chaque fois que le Nil était en crue, des îlots apparaissaient sur lesquels la première vie est apparue sous la forme de grenouilles ou d'autres animaux.

Selon une autre version, le dieu créateur est apparu à partir d'une grande fleur de lotus flottant sur l'eau.

Histoire de la création d'Eléphantine

La ville d'Éléphantine, située dans l'actuel Assouan, était le centre de culte de Chnoem. Le mythe de la création est inscrit sur les murs du temple d'Esnain en Haute-Égypte. Le dieu Chnoem a créé tous les humains et les animaux à partir d'argile. Il les a fabriqués sur son tour de potier. A travers les os des êtres humains, il a fait circuler le sang et il a mis une peau sur le corps. Puis il a appliqué les poumons, le système digestif, les vertèbres et les organes reproducteurs. Après ça, il a fait en sorte que l'homme puisse se reproduire.

Histoire de la création d'Héliopolis

L'histoire de la création d'Héliopolis apparaît sur un papyrus d'époque tardive, au milieu d'un certain nombre d'incantations de l'esprit maléfique Apophis, le serpent. Le papyrus a été reçu par Rhind des mains du consul britannique de Louxor comme cadeau en 1861 (ou un an plus tard). Mustafa Aghs avait obtenu le document du dépôt de momies royales à Deir-el-Bahari. Il existe également un certain nombre de références à cette histoire dans les textes des pyramides d'Unas.

Il existe un certain nombre de similitudes avec les Proverbes 8:22 et suivants.

Au commencement, il n'y avait que le Seigneur des Extrêmes, Neb-er-Djer, qui habitait dans un univers sans forme, l'océan primordial Now. Dans cet univers, toutes les choses ultérieures étaient déjà présentes en principe, mais elles étaient encore dans un état d'impuissance. Neb-er-Djer commença à vouloir changer cela et prit donc la forme du créateur, Kheperi, en prononçant ce nom. Le nom Kheperi s'écrit avec le hiéroglyphe du scarabée et ce coléoptère était donc sacré. Après tout, elle se réfère à l'unique créateur. Contrairement aux religions monothéistes ultérieures, Kheperi n'était pas un dieu qui interférait beaucoup avec ses créatures. Il a laissé ça aux dieux qu'il a créés plus tard.

La première chose que Kheperi a créée est un sol solide sous ses pieds. Il l'a fait à On (Héliopolis), encore une fois en apportant l'ordre (Maät) à ses pensées (son cœur) et en prononçant un mot. Puis il a communié avec son propre poing et a ainsi créé Shu et Tefnout, le dieu de l'air sec (gaz, atmosphère) et la déesse du principe humide (liquide). Ainsi, la première trinité était une réalité.

Shou et Tefnout eurent des rapports sexuels et leurs enfants furent Geb, le dieu de la terre et Nout la déesse du ciel. Tant qu'il faisait nuit, Nout restait dans les bras de Geb et c'est ainsi que naquit la prochaine génération de dieux, à savoir Osiris, Seth, Isis et Nephtys. Avant même leur naissance, Osiris et Isis étaient mari et femme et leur fils Horus est donc également né (bien que selon d'autres mythes, cela se soit produit beaucoup plus tard). Seth et Nephtys (selon une autre histoire) ont également eu un fils, le dieu chacal Inpu (Anubis).

A Osiris, Kheperi a accordé un cadeau spécial. Il était de même substance que son arrière-grand-père et donc le créateur incarné. (Plus tard, il ressuscitera des morts et deviendra le sauveur de l'humanité).

L'œil de Kheperi est le soleil Râ, mais une catastrophe est survenue qui a éteint la lumière du soleil. C'est pourquoi Kheperi a créé un deuxième œil, la lune, et lui a donné le pouvoir sur les plantes, les arbres et les cultures.

Enfin, l'humanité est née des larmes que Kheperi a versées et ils étaient donc les descendants directs des créateurs, les enfants de Dieu, et non un produit de la terre.

Benben

Dans la mythologie égyptienne (notamment dans la tradition d'Héliopolis), **Benben** était la montagne s'élevant de l'océan primordial Noen où le dieu créateur Atum avait élu domicile. Dans les textes des pyramides, Atum lui-même est désigné comme la "montagne". On prétendait qu'elle se transformait en une petite pyramide à Héliopolis (appelée *Annoe* par les anciens Égyptiens), qui abritait Atoum.

La pierre de Benben, qui doit son nom à cet événement mythique, était une pierre sacrée dans le temple de l'ancienne Héliopolis. Il se tenait là, à l'endroit où les rayons du soleil sont tombés pour la première fois sur lui. On pense que cette pierre a servi de prototype pour les obélisques ultérieurs, ainsi que pour les clés de voûte des grandes pyramides qui étaient basées sur ce modèle. Les sommets (*pyramidions*) étaient probablement dorés ou recouverts d'un alliage d'argent et d'or (*Elektrum)*.

À Héliopolis, on vénérait l'oiseau Benu, le phénix selon Hérodote, et on prétendait que cet oiseau vivait sur le Benben, ou dans le saule sacré, l'arbre de vie.

D'autres lieux importants avaient leur propre version de la montagne mondiale. À Memphis, c'était Tatenen, le dieu de la terre, qui était à l'origine de *toutes les choses sous forme de nourriture et d'offrandes divines et de toutes les bonnes choses* en tant que personnification de la première montagne.

Celui-ci symbolise le fait de "surgir de nulle part".

Aaru

Aaloe ou **Jaroe** ou **Iaroe** était le paradis de l'Égypte ancienne.

La route d'Aaloe

Dans le royaume des morts, le défunt devait accomplir une série d'épreuves telles que des incantations magiques ou des formules magiques. Si la personne décédée avait survécu à tout cela, elle devait déclarer devant les 42 juges qu'elle avait bien vécu sa vie. Le cœur a été pesé par le dieu Thoth. Si l'âme était du même poids que la plume de la déesse Maät, l'accès était offert aux champs d'Aaloe.

Dans les champs d'Aaloe

Aaloe était le royaume du dieu soleil Rê en Orient ; d'autres sources rapportent que c'était le royaume du dieu Osiris. Elle était décrite comme une île située au-delà de l'océan du monde et au pied de la voûte céleste. Elle est représentée comme une grande terre traversée par l'eau.

Tout défunt, qu'il soit roi ou roturier, devait y travailler la terre et pouvait être l'égal des dieux. Les rois et les nobles recevaient des shabtis, des figurines magiques des défunts avec des outils agricoles qui travailleraient la terre pour eux.

Duat

Selon la mythologie égyptienne, le **Doeat** est le monde souterrain ou le royaume des morts, l'endroit où les gens vont quand ils meurent. Le Doeat est écrit en hiéroglyphes sous la forme d'un cercle avec une étoile à l'intérieur. Le souverain du Doeat est le dieu Osiris. Il était la première momie, selon le mythe d'Osiris.

Osiris est le souverain du Doeat. Il réside dans un palais à l'ouest, par lequel les morts devaient d'abord passer. Il y est le juge en chef, assisté de 42 assistants. À chaque passage, des serviteurs d'Osiris à tête d'animal se tiennent debout, testant les morts, comme décrit dans le livre des morts égyptien *Amdoeat*.

Au passage des 6e et 7e heures, les morts arrivent au trône d'Osiris. Ici, son cœur est pesé contre la Plume de Vérité de Maät, la déesse de l'ordre cosmique. Si le défunt a mené une bonne vie, son cœur s'allège et il est autorisé à entrer dans le champ Jaru, l'au-delà égyptien. Cependant, si le cœur est plus lourd à cause de tous les péchés, le cœur et le défunt sont dévorés par un monstre, le "mangeur de mort" Ammoet ou Amemet. Ammoet a la tête d'un crocodile, les pattes avant d'un lion et l'abdomen d'un hippopotame.

Isfet

Isfet ou **Asfet** (signifiant : "injustice", "chaos", "violence" ; (verbe) "faire le mal") est un terme égyptien ancien issu de la mythologie égyptienne utilisé dans la philosophie, qui était basée sur un dualisme influencé par la religion, la société et la politique.

Principes et idéologie

Isfet était considéré comme la contrepartie du terme *Ma'at* (qui signifie "ordre (du monde)", "harmonie"). Selon la croyance de l'Égypte ancienne, Isfet et Maât constituaient un dualisme complémentaire et également paradoxal : l'un ne pouvait exister sans l'autre. Isfet et Ma'at se maintenaient mutuellement en équilibre. Ma'at a dû surmonter isfet, "ce qui est difficile", "mauvais(genre)/mauvais", "difficile", "disharmonieux", "inquiétant". L'Isfet devait être vaincu par le bien, l'unité remplacée par l'unité et le désordre par l'ordre. Un roi égyptien (pharaon) a été élu pour "réaliser" Ma'at, ce qui signifie préserver et protéger la justice et l'harmonie en détruisant Isfet. Une royauté responsable signifiait que l'Égypte resterait prospère et en paix avec Ma'at. Mais si Isfet réapparaissait, l'humanité se décomposerait et retournerait à un état primitif. La décomposition était inacceptable en tant que cours naturel des événements, ce qui signifiait que le monde était séparé du cosmos et éloigné de l'ordre. L'univers était cyclique, ce qui signifie qu'il comportait des séquences répétitives : le lever et le coucher du soleil quotidiens, les saisons annuelles et les crues du Nil. D'autre part, lorsque Ma'at était absent, et qu'isfet était libéré, la crue du Nil n'a pas eu lieu et le pays a plongé dans la famine. Par conséquent, les anciens Égyptiens croyaient que, grâce à leurs rituels d'ordre cosmique, ils apportaient la prospérité aux dieux et aux déesses qui contrôlaient le cosmos. Les principes de la contradiction entre Isfet et Ma'at ont été illustrés dans une histoire populaire du Moyen Empire intitulée "le gémissement du Bédouin" :

> *Celui qui détruit le mensonge promeut le Ma'at,*
>
> *Celui qui promeut le bien annule le mal,*
>
> *car la satiété chasse la faim,*
>
> *Les vêtements couvrent les personnes nues,*
>
> *comme le ciel est clair après une violente tempête,*

Aux yeux des Égyptiens, le monde était toujours ambigu ; les actions et les jugements d'un roi étaient censés simplifier ces principes afin de préserver Maât en séparant l'ordre du chaos ou le bien du mal. Le texte 335a du Sarcophage affirme qu'il est nécessaire que les morts soient purifiés de l'Isfet pour pouvoir renaître dans le Duat.

On pense que l'Isfet est le produit du libre arbitre d'un individu plutôt qu'un état primitif de chaos. Dans la mythologie, cela est représenté par Apep qui est né relativement tard du cordon ombilical de Râ.

On croyait que la représentation physique d'Isfet prenait la forme du dieu Seth.

Le rôle du roi

Chaque fois que le roi faisait une apparition publique, il était entouré d'images d'étrangers qui soulignaient son rôle de protecteur de Ma'at et d'ennemi d'Isfet, qui étaient les ennemis étrangers de l'Égypte ancienne. À ce titre, le roi est le plus souvent représenté en train de "frapper" les étrangers pour préserver Ma'at.

Le roi entretenait également le culte du temple pour empêcher la propagation d'Isfet en veillant à ce que les cultes soient effectués à certains intervalles, nécessaires pour maintenir l'équilibre de Ma'at contre les forces menaçantes d'Isfet.

Ogdoad

L'**Ogdoade d'Hermopolis** (Hermopolis Magna) est un groupe de huit dieux primordiaux de l'Égypte ancienne.

Ces dieux représentaient des aspects du cosmos originel. La plupart des textes qui subsistent sur l'ogdoade nous viennent de la période ptolémaïque. Le nom égyptien d'Hermopolis était *Chemnoe* (littéralement *"ville des huit"*). Ce nom est rencontré à partir de la 5e dynastie et remonte sans doute à bien plus loin. Cela donne une idée de l'ancienneté de ce mythe.

Nature et fonction des dieux primordiaux

Selon la vision hermopolitaine, les huit divinités primordiales existaient en quatre paires de deux, chacune ayant un représentant masculin et un représentant féminin. Chaque paire était associée à un aspect ou un élément spécifique avant la création. Ils contenaient le potentiel pour la création de l'univers. Par conséquent, ces dieux primordiaux étaient également appelés les "pères et mères" du dieu Soleil.

Variantes des quatre couples de dieux primordiaux

On peut distinguer les quatre paires suivantes :

- Eaux primitives (Noen et Naoenet),
- L'air ou la puissance cachée (Amon et Amaunet),
- Ténèbres (Kek et Keket) et
- L'infini (Heh et Hehet)

Les textes des pyramides mentionnent les huit dieux avec Tem :

- Naoe et Naoenet
- Amen et Ament
- Tem avec Roeroe et Roeroeti (lion et dieu lion)
- Shu et Tefnoet

Selon les indications du temple de Kargah :

- Noen et Naoenet,
- Hehoe et Hehoet,

- Kekoeit et
- Gerh et Gerhet

Les prêtres d'Hermopolis avaient les dogmes suivants :

1. Thoth était l'esprit, l'intelligence et la capacité de raisonnement du dieu autonome créé par lui-même. Il était l'esprit et l'âme de l'Océan Primordial. Il était lumière et vie et a donné la vie à l'homme.
2. Quatre dieux et quatre déesses ont aidé Thot dans son règne sur Noenoe. Il s'agissait de Nennoe et Noenet, Hoeh et Hoehet, Koek et Koeket, et Amen et Ament.
3. Ces dieux ont créé la colline d'Hermopolis sur laquelle se tenait le dieu Soleil.
4. Ces dieux ont créé le Soleil et l'ont aidé à prendre sa place à Héliopolis.
5. Ces huit dieux étaient les plus anciens d'Égypte ; ils étaient les pères et les mères du Soleil.

Avec ces thèses, ils étaient diamétralement opposés aux enseignements des prêtres d'Héliopolis. La théologie de Thoth était d'un haut niveau spirituel.

Il y avait une grande similitude entre les neuf dieux de la création des Égyptiens et les dieux de la création de la mythologie sumérienne. Cela ne signifie pas nécessairement que l'un a adopté la vision de l'autre, mais qu'une source commune beaucoup plus ancienne a pu sous-tendre les deux visions.

Le principal lieu de culte des huit dieux primordiaux dans l'Antiquité se trouvait à Hermopolis, un peu à l'ouest de Thèbes, dans un petit temple près de Medinet Habu.

Iconographie

Les quatre dieux primordiaux masculins de l'"ogdoah", étaient également représentés avec une tête de grenouille ou comme une grenouille, tandis que les quatre dieux féminins sont représentés avec une tête de serpent ou comme un serpent. En outre, les huit dieux primordiaux étaient souvent représentés en relation avec un Babouin portant le soleil levant. Cette association avec les babouins provient probablement d'un endroit plus profond de l'Afrique, où, juste avant le lever du soleil, ces animaux émettent un chant distinctif. Plus tard, le dieu babouin Hapi est également apparu et a été simultanément associé à la montée du Nil, le lever de la nouvelle saison fertile.

Le rôle d'Amon

Amon a progressivement pris de l'importance dans le culte de ces dieux primordiaux. Il a évolué vers le dieu du soleil Amon-Ra. Plus tard, le pharaon Akhénaton renonce à tous les dieux et le culte d'Aton, le disque solaire, émerge. Pour la première fois dans l'histoire de l'Égypte, on pouvait parler de monothéisme. Cela a provoqué de grands soulèvements de la part des prêtres et du peuple. Après ce règne, ce que l'on appelle la période amarnienne, Toutankhamon rétablit le culte au dieu Amon. Ceci est écrit dans la "stèle de restauration de Toutankhamon".

Hommes Dieux

Anhur

Onoeris (égyptien : Anhoer) était un dieu de l'Égypte ancienne.

Mythologie

Le dieu Onoeris était un dieu de la guerre et de la chasse. Il est originaire de Thinis et son culte remonte au début de la période dynastique ou thinite. Son nom signifie "celui qui amène ceux qui habitent au loin" et est lié au mythe selon lequel le dieu s'est rendu en Nubie pour ramener l'Œil de Rê qui est devenu son épouse : Mechit. Onoeris ressemble à Shu dans la version héliopolitaine de l'"Œil de Rê". Onuris était également associé à Horus et, à l'époque ptolémaïque, il était identifié au dieu Arès.

Culte

Le centre de culte se trouvait à l'origine à Thinis, près d'Abydos. Celle-ci s'est déplacée plus tard vers le delta dans la ville de Sebennytos, l'identifiant à Shu sous la forme Onoeris-shu.

Image

Onoeris est représenté comme un dieu debout, avec une barbe et quatre plumes sur la tête. Il a dans sa main droite une lance ou un javelot qu'il tient levé, dans sa main gauche il tient une corde sur laquelle il porte la lionne. Comme vêtement, le dieu porte une longue robe décorée de motifs de plumes.

Amon

Egalement appelé Amun, Amen, Ammon, Aman, ou Hammon.

Dieu du souffle de vie qui anime toutes les créatures vivantes ainsi que de l'esprit qui imprègne tout objet inanimé.

Les Grecs, qui l'appelaient Ammon, identifiaient Amon-Re à leur dieu principal, Zeus, et assimilaient le fléau de Min-Amon à la foudre de Zeus. Les Romains ont reporté cette identification sur leur divinité principale, Jupiter.

Amon (parfois appelé aussi **Hammon**, **Ammon**, **Amen**) était un dieu important dans l'Antiquité. Il était principalement vénéré par les anciens Égyptiens. Thèbes était la principale ville égyptienne où Amon était vénéré. Siwa était la principale oasis où Amon était également vénéré par les Berbères. Les prêtres d'Amon formaient une élite puissante dans l'Égypte ancienne.

Nom

La signification exacte de son nom *I-m-n* (Aman(oe), Amun, Amon, Ammon) est inconnue. Il existe à la fois un verbe archaïque *imn* " créer, faire naître " (sans déterminant) et un verbe courant imn " cacher, être caché " (avec ou sans déterminant). Bien qu'à une époque plus tardive, de nombreux jeux de mots avec la signification "être caché" apparaissent dans les textes portant son nom, le nom d'Amon n'est jamais écrit avec le déterminatif "cacher". Il est donc plus probable qu'il s'agisse d'une racine signifiant "Créateur (dieu)", qui correspond également à un dieu primordial.

Plutarque cite dans son ouvrage quelques mots de Manéthon indiquant qu'Amon signifie "Ce qui est caché" ou "dissimulé".

Rôle dans la mythologie

Amon jouait initialement un rôle limité en tant que dieu primordial (et peut-être déjà représenté sous la forme d'une oie du Nil en tant que dieu créateur) avec son homologue ou consort Amaunet selon les Textes des Pyramides de l'Ancien Empire (largement compilés par les prêtres d'Héliopolis et de Memphis) et les Textes des Sarcophages du Moyen Empire. Ainsi, son sanctuaire devait traditionnellement être situé à Héliopolis, peut-être plus tôt à Dasjoer ou Saqqara près de Memphis. Cette connexion nordique peut également se refléter dans la couronne rouge qu'Amaunet porte toujours selon son iconographie.

Depuis au moins la 10e dynastie, cependant, son principal sanctuaire se trouvait à Thèbes. L'oie du Nil (qui était à l'origine l'incarnation d'un dieu créateur indépendant appelé "Grand Gaker") et une espèce méridionale de bélier (*Ovis platyra*) aux cornes tournées vers l'intérieur (pour la forme, comparez : "ammonite" !) lui étaient dédiées. Sa femme à Thèbes était la déesse Moet et leur fils était Chons et ensemble ils formaient une Triade. Celle-ci était également vénérée dans le nord.

Les statues d'Amon, de Moet et de Chons étaient transportées du temple de Karnak à Louxor avec la fête d'Opet.

Apparition

Amon est généralement représenté sur les reliefs des temples sous une forme anthropomorphique et comme un souverain portant une double couronne à hautes plumes. La couleur bleue qu'il porte parfois fait certainement référence à l'"air" et au "vent", mais ce n'est certainement pas l'élément naturel dans lequel le dieu se fond complètement en tant que "caché". Les textes les plus anciens ne le montrent pas. Ainsi, il peut également se manifester dans la lumière du soleil et dans et sur l'eau. De tous ces souvenirs préservés, une chose est certaine : Amon était un ancien dieu primordial.

Le dieu est représenté en position debout, ainsi qu'en position assise. Sous la forme d'Amon-min, le dieu est représenté avec ses pieds côte à côte et un bras levé. Devant le dieu se tient généralement un pharaon, une reine, un noble ou un fonctionnaire.

Histoire

Avec la reprise nationale après la première période de transition, beaucoup de choses ont changé pour le culte d'Amon. Les 11e et 12e dynasties fondatrices de l'Empire du Milieu étaient originaires de Thèbes et soutenaient les prêtres Amon. Amon devient ainsi une divinité importante, et le centre spirituel du pays se déplace d'Héliopolis vers le sud de Thèbes. Pourtant, cela n'a pas conduit à un clivage religieux car Rê, le dieu du soleil qui était devenu la divinité nationale de l'Ancien Empire, était facilement assimilé à Amon. C'est ainsi qu'Amon-Rê est devenu la principale divinité d'Égypte et, surtout à l'apogée du Nouvel Empire, les prêtres d'Amon-Rê sont devenus de plus en plus puissants. Le roi était censé - par exemple, grâce au tribut prélevé sur les possessions étrangères - fournir de plus en plus de ressources financières à la bureaucratie sacerdotale. Ainsi, le pouvoir sacerdotal est devenu un État dans l'État. Akhenaton a tenté d'y mettre fin d'un coup en interdisant le culte d'Amon, mais son hérésie n'a pas duré longtemps. Après l'époque des derniers Ramessides, la Haute-Égypte était de facto dirigée par le grand prêtre d'Amon et l'*adoratrice du dieu*, l'épouse du dieu sur terre. À cette époque, le culte s'est également répandu plus au sud, en Nubie, où la forme bélier d'Amon est également apparue.

Après que le culte d'Amon ait connu un certain déclin à l'époque de la 22e dynastie berbère, ce sont les Cushites qui ont redonné à Amon toute sa gloire au cours de la 25e dynastie.

Aux époques grecque et romaine, le culte d'Amon était encore particulièrement puissant -Amon était assimilé à Zeus ou Jupiter, même si les cultes d'Osiris, d'Isis et de Sérapis réclamaient une plus grande attention. Le culte d'Amon a pris fin lorsque, sous Théodose Ier, le christianisme est devenu la religion d'État.

Amon chez les anciens Berbères

Selon H. Basset, Amon était le dieu le plus important pour les Berbères. Par ailleurs, René Basset note que les Guanches ont continué à utiliser le nom d'*Amman* ; ils l'associent au seigneur et au dieu, et le lient au nom du soleil dans leur langue. Selon Mohamed Chafik, le nom Amon ou Ammon a une forme berbère, mais sa signification n'est pas claire. En outre, certains experts supposent qu'il existait une civilisation commune entre les Berbères et les anciens Égyptiens à une époque pré-saharienne.

Siwa était la principale oasis où Amon était vénéré par les Berbères. Les Grecs appelaient les habitants de Siwa les Ammoniens (Ammonioi). C'est de là que vient le mot *ammoniaque*, le sel des célèbres sources de Siwa.

Amon a été mélangé avec le dieu égyptien antique Ra. Cela est dû au déménagement du gouvernement à Thèbes, où Amon était le dieu local. Ainsi, le dieu Amon-Ra a été créé. Les Carthaginois ont fait de même avec leur dieu central Baal, qui a été mélangé avec le dieu principal des Berbères, Amon ; c'est ainsi qu'a été créé le dieu Baal-Amon, également appelé Baal-Hammon. Comme les Carthaginois, les Grecs ont mélangé leur dieu suprême Zeus avec Amon pour former le dieu Zeus-Amon, tandis que les Romains l'ont mélangé avec leur dieu suprême Jupiter ; de là est né le dieu Jupiter-Amon.

Il est intéressant de noter que les Grecs faisaient une distinction entre l'Amon égyptien antique et l'Amon berbère/siwi. Lorsque Alexandre le Grand a voulu conquérir l'Égypte, sur les conseils de ses conseillers, il a traversé le désert sur six cents kilomètres jusqu'à Siwa pour demander la bénédiction d'Amon.

Amunet

Amaunet était l'homologue féminin d'Amon. Le rôle d'Amaunet aux côtés d'Amon était initialement vénéré à Thèbes, mais à la 17e-18e dynastie, Amaunet est devenu moins populaire en tant que contrepartie et la triade (trinité) d'Amon-Ra (Amen-Ra), Moet (Mut) et Chons (Chonsoe, Khons ou Khonsu) est devenue populaire jusqu'à la domination chrétienne.

Amaunet appartenait également à l'Ogdoade d'Hermopolis.

Aton

Également orthographié Aten.

L'Aton est le disque du soleil

Aton ou **Aton** est un dieu du soleil égyptien. Le dieu est surtout connu de la période amarnienne, lorsque Amenhotep IV (plus tard Akhenaton) a élevé Aton au rang de dieu principal de l'Égypte.

Aton avant la période amarnienne

Le mot "Aton" est connu dès le Moyen Empire pour désigner le disque solaire. Le mot était utilisé dans les textes de sarcophages. Dans le conte de Sinoehe, le mot "Aton" est la désignation du dieu.

Au milieu du Nouvel Empire, le dieu est souvent attesté. Thoutmosis IV dédie un scarabée à Aton. On faisait parfois référence à Aton à cette époque, mais en tant que divinité, il ne représentait pas grand-chose. Sous le règne d'Amenhotep III, le père d'Akhenaton, la situation change et Aton est également vénéré comme un aspect du dieu soleil.

Aton dans la période amarnienne

Avec l'avènement d'Amenhotep IV (le futur Akhenaton), le dieu reçoit pour la première fois des titres royaux sous la forme d'une introduction, deux cartouches comme en possèdent les pharaons. La forme la plus ancienne des titres d'Aton comprenait également les dieux Horachte et Shu. À partir de la 9e année de son règne, le dieu a reçu un nom de roi modifié dont tous les autres dieux ont été retirés. Les noms des dieux étaient systématiquement écrits à côté ou en dessous de l'image du disque solaire.

Akhenaton fait fermer les temples des autres dieux et construit à Amarna sa nouvelle capitale Achetaton (horizon d'Aton). Il était l'unique prêtre du dieu et attirait ainsi tout le pouvoir sur lui. Ses efforts pour établir une religion monothéiste avec Aton ou Aton comme seule divinité sont également appelés *aténisme* ou *atonisme*.

Après quelques années, sa réforme a complètement échoué et l'Égypte est retournée à ses anciennes habitudes. Par la suite, on n'a plus entendu parler d'Aton. À l'époque d'Horemheb, les traces de l'ère amarnienne ont été radicalement effacées. Les temples ont été réutilisés sous les Ramessides.

Image

Il existe deux types d'images d'Aton.

- Avant le début de la période amarnienne, avec le règne d'Akhénaton, le dieu Aton était représenté sous la forme d'un faucon avec un disque solaire, comme le dieu Rê et Re-Horachte.
- À la fin du règne d'Amenhotep III, l'image du dieu a été radicalement modifiée pour devenir un disque solaire avec un uræus. Le disque solaire comporte des rayons avec des mains, certains rayons se terminant par un signe de l'ancre, mais uniquement pour la famille royale.

Culte

Le dieu était vénéré à Héliopolis sous Amenhotep III.

Sous Amenhotep IV, un temple d'Aton a été construit à Thèbes. La cinquième année du règne d'Amenhotep IV, il change son nom en Akhenaton. Il a déplacé la capitale à Tell el-Amarna. Il y a fait construire deux temples :

- Le grand temple d'Aton
- Le petit temple d'Aton

Il y avait également des temples d'Aton à Memphis, à Sesebi (Nubie) et vraisemblablement ailleurs dans l'empire d'Akhenaton.

Atum

Également appelé Atem, Atmu, Tem, ou Temu.

Une divinité solaire prédynastique est associée au soir ou au coucher du soleil.

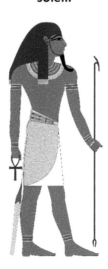

Dans la mythologie égyptienne, **Atoum** ou *Atum* est le dieu créateur de l'avant-monde, auto-créé, et l'ancêtre de tous les autres dieux et des pharaons. Il est appelé "celui" (qui s'est installé sur *Benben*, la montagne qui s'est élevée de l'océan primordial Noen). En outre, il joue encore un rôle dans le culte du soleil au Nouvel Empire, mais il s'agit surtout d'un dieu très ancien, peut-être prédynastique. En égyptien ancien, *Atum* signifie *être, tout* (*celui qui est complet*) ou *néant* (*celui qui n'existe pas*). Atum est souvent assimilé au dieu du soleil, Râ.

Mythologie

Atum était le grand dieu important d'Héliopolis. Son culte était très ancien, et à l'époque de l'Ancien Empire, il était la force créatrice. Il était le plus important des huit ou neuf dieux les plus fréquemment mentionnés dans les textes des pyramides : l'*Ennéade* (la neuvième). Par conséquent, nous disposons d'une multitude d'informations sur ce dieu dans la mythologie et sur son caractère. Son principal trait de caractère est le dieu créateur mais aussi l'*auto-créateur*. Il est venu "comme une anguille" des eaux primordiales de Noen (ou Nun), a créé la terre comme une "colline primordiale" émergeant des eaux et a créé les dieux à partir de sa pensée. Pour créer, ce "un" a dû se diviser. Selon un certain mythe, la première paire de dieux a été créée en soufflant Shu (*air sec et transportable* et *lumière*), en éternuant, en toussant Tefnut (*humidité* et *chaleur*) ou à partir de son "sperme par masturbation", (puisque Atum était seul quand il a créé).

Mais l'Atoem avait aussi d'autres aspects :

- *Le Seigneur omniprésent* : tout ce qui existe est issu de la chair d'Atum, et chaque individu est issu du *Ka* du dieu. Le pharaon, selon les textes des pyramides, s'unirait à Atum (aspect associé plus tard à Osiris).
- *Créateur* : selon l'ennéade héliopolitaine, Atum a été créé dans le chaos de Noen, et s'est créé lui-même. Il est le créateur et le destructeur. Le Livre des morts *(Amdoeat)* dit qu'à la fin du monde, il détruira tout.
- *Père des dieux et pharaon* : en tant que dieu créateur, il était le père d'une série de dieux. Pharaon était associé à Horus, et donc Atum était aussi le père de Pharaon.

Culte

Atum était le principal dieu vénéré à Héliopolis, même s'il était parfois éclipsé par Rê. Le dieu est souvent appelé *le seigneur d'Héliopolis*, et même après l'ascension de Râ, il est resté influent. On trouve des centres de culte d'Atum non seulement dans le nord, mais aussi dans le reste du pays. Relativement peu d'images d'Atum sont connues. La plupart apparaissent sur des amulettes.

Image

Atum est parfois représenté sous la forme d'une anguille, un poisson qui vit dans les eaux boueuses et troubles mais qui peut aussi ramper sur la terre. En tant qu'anguille, il a créé la première terre, s'élevant comme une "colline primitive" à partir de "l'eau primitive". Mais Atum est généralement représenté sous forme humaine, comme un homme avec une double couronne *(psjent)* assis sur un trône. En outre, le dieu est parfois représenté avec la tête d'un bélier. Le bâton porté par Atum indique qu'il doit être considéré comme très vieux. Ses formes animales sont le serpent (serpent), la mangouste, le lion, le taureau, la salamandre et le babouin. Parfois, le dieu est armé d'un arc. En rapport avec ses pouvoirs de régénération, il est aussi parfois représenté comme un scarabée.

Bennu

Le **Benoe** ou **Benu** est un oiseau de la mythologie égyptienne et est l'ancêtre du phénix. Le hiéroglyphe égyptien de cet oiseau signifie "brillant" ou "montant". On dit que le benoï est né à la création et qu'il était vénéré à Héliopolis dans l'Égypte ancienne. C'est un type de héron avec de longues pattes et deux longues plumes à l'arrière de sa tête. C'est l'oiseau éternel qui, comme le soleil, renaît chaque matin après son voyage dans les enfers.

Le Benoe a surgi de la mer primordiale Noen. Il se tenait sur la colline primordiale, la première terre à sortir de l'eau. Il vivait sur ce Benben, la montagne du monde. La première lumière du soleil a brillé sur l'oiseau et sur la montagne mondiale, et lorsque l'animal a poussé un cri (le souffle de la vie), le temps s'est envolé. Les prêtres ont construit un temple sur la colline sablonneuse qui se trouve au bord du précipice. Dans ce temple solaire de la ville d'Héliopolis, ils ont placé la pierre benben, symbolisant l'endroit où le dieu du soleil Atum est apparu sous la forme du benoe. Le benoë est également associé au calendrier égyptien.

Selon le Livre des morts égyptien (chapitre LXXXIII), le benoë a jailli du cœur d'Osiris, et était en lui "l'essence de toute divinité".

Cet animal totem associé au dieu du soleil accompagnait les âmes des morts dans la barque de Rê lors de leur voyage dans les enfers jusqu'au dieu Osiris, qui devait les juger. Ceux qui en étaient dignes voyageaient avec l'oiseau vers l'est, où ils s'élevaient dans la lumière de l'au-delà comme le soleil.

Lorsque l'historien grec Hérodote a visité l'Égypte, les prêtres d'Héliopolis lui ont montré des images du benoï. Il a appelé l'oiseau "phénix" (ii.75).

Astéroïde

L'astéroïde *(101955) Bennu* porte le nom de Benu, un tondeur dit terrestre, qui passe devant la Terre à seulement 333 millions de kilomètres. En 2016, la sonde spatiale OSIRIS-REx a été lancée pour explorer Bennu. La sonde devrait ramener sur Terre des matériaux de surface.

Hapi

Également orthographié Hapy ou Hap.

Le dieu du Nil

Hapy était un dieu égyptien. Il est parfois considéré comme une déesse car il possède les deux caractéristiques sexuelles. Hapy a des seins et une fausse barbe.

Selon les Égyptiens, ce dieu veillait à ce que le Nil soit inondé chaque année et apporte la fertilité. Pour cela, il est étroitement associé à Noen. L'Égypte dépendait des crues du Nil pour son agriculture et, de ce fait, le culte d'Hapy était très populaire dans la vallée du Nil. Des offrandes étaient données pour que le lavage du Nil, également appelé *la venue d'Hapy*, soit grand. Il se pourrait que le nom original du Nil soit Hapy.

Hapy est généralement représenté comme un homme aux seins pendants et au ventre gonflé. Ce sont les signes d'une bonne alimentation. Il tient généralement des végétaux du Nil ou des plantes accrochées à sa tête.

Horus

Horus était le nom latin de l'égyptien Heru.

Le dieu du ciel à tête de faucon, fils d'Osiris et d'Isis.

Horus est un dieu faucon égyptien, vénéré depuis le début de la civilisation égyptienne antique jusqu'à l'introduction du christianisme.

Signification mythologique

Le dieu a une riche histoire de culte, au cours des années un certain nombre de rôles ont été attribués au dieu Horus.

Horus, dieu de la royauté

Horus était un dieu de dynastie attribué aux rois de la 0e à la 3e dynastie. En associant le rôle d'Horus en tant que dieu du ciel au dieu de la dynastie, il est devenu le fondateur de la royauté égyptienne. Ainsi, le pharaon est devenu une incarnation d'Horus. Après sa mort, le pharaon décédé devenait alors une personnification d'Osiris et Horus passait à la personne vivante du nouveau pharaon. La liste des rois de Turin décrit les rois de la 0e à la 3e dynastie d'Égypte comme les "disciples d'Horus".

Les rois écrivaient leurs noms dans un Serech ou palais stylisé surmonté d'un faucon Horus. L'un des titres était aussi le nom de Golden Horus.

Le dieu Haroer ou Horus l'Ancien (grec : Haroëris) est représenté comme un dieu antique qui a longtemps lutté avec son oncle Seth pour le trône d'Égypte. Finalement, le trône d'Égypte est attribué à Horus par le conseil des dieux. Le dieu Harmaoe ou Horus l'unificateur (grec : Harsomptus) remplit le rôle d'unifier l'Égypte et de gouverner l'Égypte. Cela fait référence au thème de la bataille entre Horus et Seth pour le trône.

Horus, dieu du ciel

Horus était à l'origine un dieu du ciel. *Son* nom signifie : le lointain ou le haut et a à voir avec le faucon qui vole ou attaque à haute altitude. Le dieu était vénéré à Hierakonpolis sous la forme d'un faucon céleste : son œil droit était le soleil, son œil gauche la lune, ses plumes mouchetées sont les étoiles, ses ailes l'air qui produit le vent. C'est le dieu du ciel qui déploie ses ailes sur la terre.

Horus, dieu du soleil

En tant que dieu Horachty ou "Horus des deux horizons", on lui a attribué le rôle du soleil levant et du soleil couchant, du soleil couchant et du dieu de l'est. Dans les Textes des Pyramides, il y a un passage : "Le roi mort renaîtra dans le ciel oriental comme Horachty". Le culte du dieu était associé à Rê d'Héliopolis sous le nom de Re-Horachety.

En tant que dieu Horbehedet ou *Horus d'Edfu, le* dieu était vénéré comme un disque solaire avec des ailes. On lui a donné le rôle du soleil qui s'élève dans le ciel.

Le dieu Horemachet ou *Horus de l'horizon* (grec : Harmachis) était représenté comme un dieu du soleil sous la forme d'un faucon ou d'un lion. À partir du Nouvel Empire, on considère que le Sphinx de Gizeh représente Horemachet, tandis que le roi Chefren est représenté.

Horus l'enfant

Horus enfant était représenté et vénéré de diverses manières.

- Sous le nom de Her-hery-wadj ou *Horus dans la plante de papyrus*, le dieu était représenté sur une plante de papyrus avec une couronne de roi et un fléau. Selon le mythe, Isis était tombée enceinte d'Osiris et avait donné naissance à l'enfant dans les champs de papyrus. L'enfant - héritier d'Osiris - était caché à Seth, le frère d'Osiris, qui se considérait également comme l'héritier d'Osiris.

- Sous le nom de Her-pa-chered ou *Horus l'enfant* (voir Harpocrates), le dieu était représenté comme un enfant vulnérable assis sur les genoux de sa mère Isis. Ou comme un dieu indépendant avec des insignes royaux.
- Sous le nom de Her-sa-aset ou Horus fils d'Isis (grec : Harsiese), le dieu était identifié comme le fils d'Isis et le fils légitime d'Osiris et son successeur. Le titre Her-ion-mutef ou *Horus pilier de sa mère* et Her-nedj-itef ou *Horus sauveur de son père* y sont liés (voir Harendotes).

Horus comme fils d'Osiris et d'Isis

Horus est le fils d'Osiris et d'Isis, et le frère de Bastet. Horus est né après une autofécondation par sa mère Isis. Isis n'a pas pu récupérer le pénis d'Osiris lorsque son corps a été coupé en 14 morceaux et jeté dans le Nil par leur frère, Seth. Craignant que Seth ne tue son fils, Isis a lancé l'enfant dans un panier de papyrus dans le nord du delta du Nil, en espérant que l'enfant serait trouvé et élevé par quelqu'un. C'est donc arrivé. A la fin, c'est Horus qui tue Seth. Horus a quatre fils.

Apparition

Le dieu Horus est représenté comme un faucon ou un humain avec une tête de faucon. Selon Richard H. Wilkinson, il pourrait s'agir du Falco biarmicus ou du Falco peregrinus. Horus en tant que faucon est parfois doté d'attributs royaux tels que la crosse Nekhakha et une couronne égyptienne. Parfois, le faucon porte également un disque solaire sur sa tête. Horus, en tant qu'humain avec une tête de faucon, est également représenté avec des attributs royaux. Il porte généralement un symbole d'ancre et accompagne le pharaon ou le défunt auprès des dieux.

Sous le nom d'Horus-Behedet, le dieu était représenté sous la forme d'un disque solaire doté de deux ailes avec, en dessous, deux serpents uræus.

En tant qu'Horus l'enfant, le dieu était représenté comme un bébé avec Isis sur ses genoux, ou comme un jeune enfant avec une boucle de côté debout sur un crocodile.

Vénération

Le culte d'Horus occupait une place importante dans la religion de l'Égypte ancienne. Le dieu faucon Horus était le maître du ciel. Ses yeux étaient le soleil et la lune. En tant qu'amulette, son œil offrait une protection contre le mal (voir Œil d'Horus). Ses yeux voyaient tout, même les sentiments et les humeurs des hommes. Horus, fils d'Osiris et d'Isis, était généralement représenté sous la forme d'un faucon ou d'un homme avec une tête de faucon.

Kom Ombo

Horus était vénéré dans le temple de Kom Ombo où sa naissance et ses combats avec Seth étaient évoqués. Le temple a en fait été construit pour deux dieux : le côté est a été construit pour le dieu Sobek et le côté ouest pour Haroëris. Haroëris, avec sa tête de faucon, est l'une des incarnations d'Horus, et était parfois appelé Horus l'Ancien. Horus a succédé à son père comme roi d'Égypte, et chaque pharaon était donc en réalité l'incarnation terrestre d'Horus. Ils étaient représentés avec la double couronne.

Dans la partie occidentale du temple, une triade père-mère-enfant était également vénérée, respectivement : Haroëris (Horus l'Ancien), Tasenetnefret (une manifestation d'Hathor ou Tefnoet ; surnommée " la Bonne Sœur " ou " la Bonne Épouse ") et Panebtaoei (Sobek, surnommé le " Seigneur des Deux Terres ", un titre du pharaon).

Edfu

Horus était également vénéré sous le nom d'Horus-Behedet dans son temple d'Edfou. Les pylônes du temple font 80 m de haut. Le temple actuel a été construit à l'époque romaine, mais il est en fait bâti sur un temple datant du Nouvel Empire. Sa construction a été commencée en 237 avant J.-C. par Ptolémée III et achevée en 57 avant J.-C. par Ptolémée XII. Il s'agit non seulement du temple le mieux préservé, mais aussi du deuxième plus grand temple d'Égypte. On croyait que le temple avait été construit sur le site de la bataille entre Horus et Seth.

Le temple possédait également un mammisi : un bâtiment lié aux rituels entourant la naissance d'Horus. Elle comportait de nombreux reliefs, dont la fête de la rencontre magnifique, la rencontre annuelle entre Horus et son épouse Hathor. Les reliefs sont principalement situés à l'intérieur du premier pylône et sont spirituellement liés au temple d'Hathor à Dendera.

Au cours du troisième mois de l'été, les prêtres de Dendera plaçaient la statue d'Hathor sur sa barque et l'amenaient au temple d'Edfu, où l'on croyait qu'Hathor rendait une visite conjugale à Horus. Chaque nuit, ils se retiraient dans le mammisi.

Autres centres de culte

Il existait en Égypte des dieux similaires dans différentes régions, qui avaient été débordés et assimilés par le culte d'Horus. Horus était également vénéré avec d'autres dieux. Il n'est donc pas facile de désigner une région unifiée comme étant le centre de culte d'Horus. Le dieu était vénéré dans toute l'Égypte, mais aussi en Nubie. Il est également devenu populaire dans le monde gréco-romain avant la montée du christianisme.

D'autres centres de culte étaient :

- Tjaroe (Basse-Égypte), le culte d'Horus de Mesen sous la forme d'un lion. En raison de son lien théologique avec Edfou, Tjaroe est parfois appelé Edfou de Basse-Égypte.
- Letopolis (Basse Égypte), le culte de Kenty-irty.
- Athribis (Basse Égypte), le culte de Kenty-khem.
- Gizeh, culte du dieu Harmachis.
- Hierakonpolis (Nechen en Basse-Égypte) était la ville où le dieu Horus était vénéré depuis la période pré-dynastique.
- Boeto, comme dans la ville historique de Pe, où, selon les textes des pyramides, le dieu Horus était vénéré.
- Baki (Nubie) (Kuban), où le soi-disant Horus de Baki était vénéré.
- Boehen (Égypte) et Miam (Nubie) (Aniba), où le soi-disant Horus de Miam était vénéré.

Khepri

Également appelé Khepra, Khepera, Khopri, Kheprer ou Chepera.

Le dieu du soleil du matin

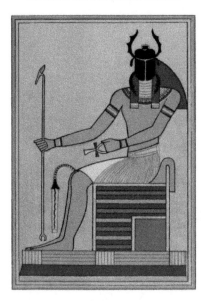

Chépri était un dieu créateur de l'Égypte ancienne qui devint plus tard une incarnation du dieu du soleil Râ ou Rê. Il était spécifiquement associé au soleil levant. Son nom signifie *devenir* ou *se produire* et c'est donc le concept philosophique derrière ce symbole. Les Égyptiens croyaient que le dieu avait été créé à partir de lui-même. Il n'avait donc ni père ni mère. Bien qu'il s'agisse d'une divinité très archaïque, les amulettes avec le scarabée n'apparaissent que dans l'Empire du Milieu.

Son association avec le bousier ou le scarabée ne semble pas évidente, pourtant elle s'explique clairement. D'une part, ils poussent leurs graines dans une grande boule qu'ils poussent devant eux. Ceci est similaire à l'orbite solaire. Pour les Égyptiens, leur association avec l'autogénèse découle probablement de l'émergence spontanée des bousiers dans les excréments.

Le dieu Chépri était très populaire dans l'Égypte ancienne et nous trouvons de nombreuses représentations du bousier sous forme d'amulettes, censées protéger les morts contre les méfaits, et de peintures sur les murs des tombes. Le centre du culte de Chépri se trouvait à Héliopolis, la ville du soleil.

Les pharaons utilisaient souvent cette divinité dans le nom de leur roi. Exemple (voir image ci-dessous) : Neb-Cheper-oe-Ré, nom royal de Toutankhamon, signifiant : *Seigneur des manifestations de Rê*.

Khnum

Également orthographié Khnemu, Khnoumis, Chnuphis, Chnemu, ou Chnum.

Un dieu créateur à tête de bélier qui façonnait les êtres humains sur son tour de potier.

Chnoem (ou Chnemoe) est un dieu de la mythologie égyptienne. Il est le plus souvent représenté avec la tête d'un bélier aux cornes droites. Cela reflète l'ancienneté de son culte, puisqu'il s'agit d'une image de la plus ancienne race de mouton nommée en Égypte (Ovis longipes). Chnoem était vénéré dans un certain nombre de lieux, notamment à Éléphantine, à la frontière sud de l'Égypte, à la première cataracte, que les Égyptiens considéraient comme la source du Nil, mais aussi à Esna, où était célébré le *festival* annuel *du tour de poterie.*

Le mot pour bélier en égyptien est *ba* et ce mot signifie aussi quelque chose comme personnalité ou esprit. Lorsque le dieu principal Râ voyage dans les enfers la nuit sous le nom de "ba", il est souvent représenté comme un bélier et Chnoem est donc un aspect du dieu principal, le Créateur Cheperi-Ra-Toem. Du moins, c'est ainsi que les prêtres de Chnoem aimaient le voir.

Il existe un mythe dans lequel le Chnoem joue un rôle important, le *Chnoem et les sept années de disette.*

Khons

Un dieu de la guérison, de la fertilité, de la conception et de l'accouchement.

Chons, l'enfant de la lune, était l'enfant d'Amon et de Moet dans la mythologie égyptienne et était appelé le vagabond car il errait dans les cieux la nuit (comme la lune). Après tout, son nom signifie *vagabond* ou *voyageur.*

Chons était vénéré par le peuple comme un dieu oracle et un protecteur contre les maladies. Il était considéré comme un aspect (stade de l'âge) d'Horus. Son principal site de culte est Karnak. Il est vénéré à Thèbes dès l'Ancien Empire, mais ce n'est qu'à partir du Moyen Empire que son culte devient important dans tout le pays.

Les peintures murales montrent Chons avec les jambes fermées et la fermeture latérale (caractéristique des jeunes), accompagné d'Horus, debout sur des crocodiles. Il aurait également pu être représenté comme un homme momifié avec un croissant de lune sur la tête. En général, cependant, il était représenté comme un garçon avec une mèche de cheveux, quelque chose que tous les enfants portent.

Mont

Également orthographié Ment, Mentu, Menthu, Montu, ou Munt.

Une divinité solaire à tête de faucon, parfois considérée comme un dieu de la guerre.

Mentoe (**Montoe, Montu**) était un dieu de l'antiquité égyptienne. Cette divinité a été vénérée depuis la 11e dynastie jusqu'à l'époque gréco-romaine.

Mythologie

Mentoe était un dieu faucon, vénéré autour de Thèbes et des environs. Son nom est mentionné pour la première fois dans les textes des pyramides, mais le dieu ne devient vraiment important qu'autour de la 11e dynastie avec ses souverains thébains. Trois souverains portent une partie de son nom : "Mentoe est content" et le dieu acquiert le statut de dieu national. Le dieu a même été identifié à Horus sous le nom de "Horus du bras fort", qui doit faire référence au côté guerrier du dieu. Au milieu du Moyen Empire, Mentoé était considéré comme l'antithèse de Rê d'Héliopolis et ils étaient également vénérés ensemble : Ment-Ra. À partir de la 12e dynastie, l'influence du dieu diminue et Amon le remplace, mais certains pharaons continuent de se battre au nom du dieu Mentoé. Les épouses de Mentoé étaient la déesse thébaine Tyenenyet et la femme dieu du soleil Raet-Tawy.

Culte

Mentoe était vénéré dans la région de Thèbes, y compris dans quatre grandes villes temples : Medamud, Karnak, Armant et Tod. Il a été vénéré par plusieurs rois du Moyen Empire, du Nouvel Empire et de l'époque gréco-romaine (Alexandre le Grand, Cléopâtre VII).

Image

Le menton a été représenté de diverses manières au cours de l'histoire. A l'origine un dieu faucon, d'autres formes sont apparues avec le temps. Son arme était une hache de cérémonie. La reine Ahhotep de la 18e dynastie a représenté Mentoe sous la forme d'un griffon, probablement influencée par la Syrie. Parfois, le dieu porte une *couronne de Chepresj* comme arme, en symbole de guerre. Mentoe porte un disque solaire avec un uræus et avec deux plumes d'autruche. On pouvait également voir Mentoe sous les traits d'un taureau sacré, Buchis, qui était également vénéré à cet endroit et dans les dynasties ultérieures sous la forme d'un homme à tête de taureau.

Nefertem

Également orthographié Nefertum.

Le dieu de la création du jour chaque matin, associé à la fleur de lotus.

Nefertem est un dieu de l'Égypte ancienne.

Mythologie

Nefertem est généralement associé au dieu des parfums en raison de la fleur de lotus au-dessus de sa tête, qui est également sa marque de fabrique, mais ce n'est que la deuxième partie de sa nature. La vraie raison pour laquelle il était vénéré était qu'il était proche de Râ. Le dieu est mentionné dès les textes des pyramides, où il est appelé "la fleur qui est devant le nez de Rê". Plus tard, le dieu a été associé à Horus, à Memphis le dieu faisait partie d'une triade. Là, il a été dépeint comme le fils de Ptah et Sechmet. D'autres villes ont également revendiqué le dieu, à Boeto il était le fils de Wadjet et à Boebastis il était le fils de Bastet.

Culte

Le dieu était vénéré dans les bâtiments royaux tels que les temples et était considéré comme le fils redouté du redoutable Sechmet. Des amulettes du dieu étaient fabriquées à la naissance d'un enfant dans le troisième intervalle. Ils étaient censés protéger l'enfant des mauvais esprits.

Image

Le dieu est représenté comme un homme avec une fleur de lotus sur la tête, parfois le lotus a deux plumes. Le dieu est également représenté sous la forme d'un lion en référence à sa mère, parfois le lion était également représenté avec sa coiffe typique. Parfois, le dieu est considéré comme le protecteur des deux terres et est représenté avec un petit cimeterre.

Isis et Osiris

Dieu du soleil, de l'agriculture et de la santé. Sa reine est Isis, qui est aussi sa femme et sa sœur.

Isis (grecque) ou **Aset** (vieil égyptien *Au Set*) est l'une des principales déesses de la mythologie égyptienne. D'abord vénérée dans le delta du Nil, Isis a ensuite reçu un temple sur l'îlot de Philae, entre autres lieux. Son lieu de résidence était l'Iseum (actuel Behbeit el-Hagar), le douzième nomos de Basse-Égypte.

Origine

À l'origine, Isis est le nom d'une déesse protectrice du delta du Nil. Elle a ensuite été assimilée à Wadjet, la déesse serpent du Nil inférieur. À l'union du nord de la Basse-Égypte et du sud de la Haute-Égypte, c'est elle qui a également pris l'identité de Nekhbet, la déesse vautour de la Haute-Égypte. Elle portait les ailes de vautour dans certaines images.

Diodore de Sicile rapporte dans ses écrits qu'Isis était vénérée comme l'inventrice de l'agriculture et aussi comme une grande guérisseuse. Elle est aussi celle par qui (ou sous qui) la loi de la justice a été établie pour la première fois dans le pays. Dans ce système, il était prescrit "*que la reine ait plus de pouvoir et d'honneur que le roi, et que dans la vie privée, l'épouse ait également autorité sur le mari, et que les maris s'engagent dans le contrat de mariage à être obéissants en tout à leur épouse*".

Isis a toujours été très fortement associée au Nil dans cet état agricole, l'eau fertile qui venait irriguer la terre selon le cycle annuel. Les temples étaient placés en guetteurs, ce qui permettait de reconnaître les signes dans le ciel qui coïncidaient avec l'eau de lavage. Par conséquent, ces temples étaient tous orientés vers le sud. Le temple d'Isis le plus important était situé sur l'îlot de Philae, à l'extrémité sud du Nil, c'est-à-dire là où la montée des eaux du Nil pouvait être détectée le plus tôt. Après la construction du barrage d'Assouan et la formation du lac Nasser, cette île a été submergée et le temple a été déplacé sur l'îlot d'Agilkia.

Généalogie

Selon un récit égyptien de la création, Isis était la fille de Geb et de Nout, le dieu de la terre et la déesse du ciel. Isis ou Aset était la sœur de son mari Osiris (*Oesir* en Égypte) et de Nephtys et Seth. Horus est son fils et symbolise la disparition et la renaissance annuelles de la vie, comme on le voit dans l'agriculture (voir aussi : Naissance d'Horus).

La coutume de fabriquer des poupées de l'esprit du maïs existe encore aujourd'hui chez les Coptes. Pendant la semaine sainte, une représentation du Christ sous forme de momie est placée sur l'autel du vendredi au dimanche, entourée de pétales de fleurs et autres. Les femmes (et non les hommes) remplissent encore des pots de terre et y sèment des graines. Cela rappelle le jardin d'Adonis. En Sicile, un tel pot ("jardin d'Adonis") était toujours fabriqué au printemps, puis jeté.

Elle a enseigné l'agriculture à Osiris, son amant.

Pour la régénération d'Osiris, Isis est importante en tant que force active qui reforme le corps d'Osiris, qui a été coupé en 14 morceaux, en un seul. C'est sa résurrection en tant que Horus. Le symbolisme est qu'Osiris doit souffrir et mourir pour que nous vivions : le blé est battu, moulu, etc. et revit grâce à la graine l'année suivante. Le pain joue un rôle important dans le culte d'Isis, tout comme le vin (le sang d'Osiris).

Attributs et fonction

Isis était connue comme une déesse de la fertilité et une maîtresse de la magie, trompant même Râ dans le mythe de Râ et Isis. Son mari Osiris, cependant, a été tué par son frère Seth et son cadavre démembré. Isis, aidée par Anubis, le dieu chacal qui a inventé l'embaumement, a rassemblé les morceaux et, grâce à sa magie, a réussi à tomber enceinte d'un fils, Horus, qui vengera son père et prendra sa place sur le trône.

Osiris est devenu le souverain du royaume des morts et Isis le guettait en permanence. Il existe (dans le quatrième papyrus Sallier) une version du mythe de la bataille entre Horus et Seth, dans laquelle Isis a tenté de sauver son frère - malgré ses méfaits. Sur ce, Horus est devenu furieux et lui a coupé la tête. Mais Thot a remplacé la tête d'Isis par celle d'une vache. La vache était le symbole de l'amour.

Les pharaons de la 1ère dynastie se disaient descendants d'Isis. Des femmes pharaons apparaissent également. Isis et Osiris ont été plus tard les modèles de la royauté égyptienne. Un roi préférait épouser sa sœur ; sur sa vie, il était un Horus, et il a écrit un de ses noms avec le faucon d'Horus au-dessus. À sa mort, il est devenu un Osiris et a été vénéré comme tel.

La caractéristique d'Isis est le trône, le *Mu'at*, sur lequel elle prend généralement place, qui symbolise en soi la déesse et apparaît dans le hiéroglyphe de son nom. C'est un signe de pouvoir et d'autorité suprêmes. Le nœud d'Isis est également caractéristique. Il s'agit d'une sorte de faux dans la robe qui symbolise la relation étroite entre la terre et le ciel, et qui était également portée par ses prêtresses.

Au fil du temps, Isis a adopté les aspects et les attributs d'autres déesses, telles que Selket, Hathor, Neith et Noet, pour les unir en une seule divinité.

Les attributs qu'elle a en commun avec les autres déesses sont :

- l'Ancre, symbole de fertilité et de vie éternelle ;
- Le sistre et le collier *menat* d'Hathor ;
- Le disque solaire avec les cornes de taureau d'Hathor ;
- la perruque de cheveux en forme d'ailes repliées d'un vautour, attribut des déesses du ciel, Nekhbet étant la première ;
- souvent l'image du trône, symbole du pouvoir, au-dessus de la tête ou comme un signe en soi pour la désigner
- le sceptre de *cire* et la tige de papyrus dans ses mains ;
- la *Mu'at*, trône comme symbole dans le hiéroglyphe de son nom et qu'elle porte sur la tête.

A partir du Nouvel Empire, elle est indiscernable d'Hathor. On parle alors d'Isis-Hathor. Tous deux portent la même coiffure (tête de vache avec disque solaire cornu reposant sur une couronne de serpents uraeus, et une perruque en forme de vautour.

Isiscultus

Les sites d'origine du culte d'Isis les plus connus sont Taposiris Magna, dans le nord du delta, qui était relié à Alexandrie par une route processionnelle de 45 km de long, et Philae, l'île la plus au sud du Haut-Nil, où la boue fertile a inondé la terre pour la première fois. Plutarque a décrit comment le sarcophage dans lequel Osiris avait été enfermé par son frère Seth jouait un rôle important dans le rituel. La fermeture du couvercle symboliserait la disparition de l'eau. Ce rituel est représenté sur la mosaïque de Preneste.

Après la conquête par Alexandre le Grand en 332 avant J.-C., le culte d'Isis a également été transféré dans le monde hellénistique. À partir du IIe siècle avant J.-C., son culte commence à se répandre dans toute la Méditerranée aux mains des commerçants et des marins, ainsi que jusqu'en Pannonie, en Gaule rhénane et en Bretagne. Comme la Déméter d'Éleusis, Isis accordait l'immortalité aux personnes initiées aux cultes à mystères. En Grèce, elle était souvent assimilée à Déméter. Plutarque a peut-être laissé la description la plus complète du mythe d'Isis et d'Osiris, mais il écrit sur un culte qui avait subi de nombreux changements à l'époque des Ptolémées, notamment sous l'influence grecque. Cet historien grec décrit la déesse comme "*le principe féminin de la nature*". Selon lui, elle est affublée de nombreux noms, car elle se "*transforme sans cesse en ceci ou cela*" et est "*susceptible de prendre toutes les formes*".
À l'époque romaine, de 80 avant J.-C. au 6e siècle, le culte d'Isis était extrêmement populaire et ne se limitait donc certainement plus à l'Égypte et à la Grèce. Son culte s'étendait, selon le père Cumont, "d'Alexandrie à Arles et des confins du Sahara aux îles britanniques, des montagnes des Asturies aux collines du Danube". Dans les mystères romains, elle était invoquée comme "*Celle qui est tout*". L'empereur Gaius (surnommé Caligula) a construit un temple à Isis. L'empereur Domitien lui a fait construire un temple à Bénévent.

Son culte s'accompagnait de nombreux rituels et d'une musique magnifique, notamment de l'utilisation de sœurs, une sorte de hochet à cordes, qui est encore utilisé aujourd'hui en Éthiopie. À Rome, le culte d'Isis et le culte de Cybèle coexistaient. Le culte d'Isis était beaucoup plus calme, semblable au culte de Déméter. Déméter était la déesse du grain, identifiée à Cérès chez les Romains. Les gens mangeaient du pain contaminé par le champignon de l'ergot de seigle (el-got) qui produisait essentiellement du LSD, d'où l'ecstasy et la danse. De même, l'instrument de musique (sistre) est devenu un symbole d'Hathor. Cet instrument est encore utilisé aujourd'hui dans l'église copte. Le sistre peut être combiné avec un pilier qui n'est pas trop haut (par exemple, le temple de Hateh-Sut).

Isis était souvent représentée avec Horus, son fils en bas âge, sur ses genoux. Selon les recherches, il est possible qu'au cours de la christianisation, cette image ait été adoptée par le christianisme comme la Vierge à l'Enfant. Les sanctuaires ont été transformés en églises chrétiennes.

En Égypte, son culte a continué jusqu'en 552 après J.-C., lorsque l'empereur Justinien a fait fermer le temple.

En Basse-Égypte, jusqu'alors, seul le culte initiatique iranien de Mitra, plus tardif, l'avait dépassée en nombre d'adeptes. Ce dernier était principalement un culte de soldats.

Isis et les autres peuples

Enfin, même en dehors des frontières égyptiennes, Isis devient très populaire et est assimilée à d'autres déesses selon son aspect. Chez les Grecs, Isis était identifiée à Déméter et Aphrodite et à de nombreuses autres déesses. Dans la Rome antique, un culte populaire d'Isis est apparu à l'époque de Jules César, entraînant sa diffusion dans tout l'Empire romain (voir les nombreuses figurines en terre cuite offertes en cadeau de mariage). Un temple Isi entièrement fouillé peut être visité à Pompéi.

On sait que le service d'Isis était également pratiqué en Angleterre à l'époque romaine. Un temple d'Isis à Londres sur les bords de la Tamise et un autel d'Isis à Chester témoignent de l'existence de cette religion dans les îles britanniques à cette époque. Peut-être que la déesse Danu, l'ancêtre divine des Tuatha de Danaan d'Irlande (qu'elle soit ou non apparentée à la Diana romaine, à la Dione grecque et à la Danu indienne), a constitué la base du culte qui a été qualifié de culte des sorcières.

Isis est à l'origine de nombreux mythes de l'humanité, autour desquels une tradition vivante s'est développée et qui ont été exprimés dans de nombreuses œuvres d'art et de littérature.

Parallèles dans le catholicisme et l'orthodoxie

Un certain nombre de chercheurs pensent que le culte d'Isis a influencé le développement du culte chrétien de la Vierge Marie à la fin de l'époque romaine. Les témoignages indiquent que cela a permis à l'Église catholique d'attirer dans ses rangs un grand nombre de croyants qui avaient auparavant adhéré au culte d'Isis et qui étaient prêts à se convertir dans la mesure où une figure féminine ressemblant à Isis était disponible pour concentrer leur foi antérieure. Du moins sur le plan iconographique, les similitudes entre l'Isis assise allaitant son fils Horus et les nombreuses Madones, qui représentent Marie assise tenant son fils Jésus dans ses bras et l'allaitant éventuellement, sont frappantes. Il existe également un parallèle entre la virginité d'Isis et celle de Marie. Isis a également appris que la conception n'était pas physique, et elle a donc donné naissance à Horus en tant que vierge, tout comme dans la mythologie phrygienne le dieu Attis descendait de la mère vierge Nana.

Même si la *Vierge Marie* n'est pas adorée (mais vénérée) dans le catholicisme et l'orthodoxie, elle joue toujours le rôle d'une figure maternelle toujours présente, d'une manière parallèle à celle du culte d'Isis qui était répandu dans le passé.

On pense que le culte des *Madones noires* est une ramification tardive du culte d'Isis en Basse-Nubie, où l'Isis noire de Philae était initialement vénérée.

Le culte marial dans la tradition orthodoxe et même anglicane est souvent sous-estimé. Les icônes traditionnelles sont toujours populaires dans le rite orthodoxe contemporain. Voir également christianisation et syncrétisme.

Osiris

Osiris est une divinité de la mythologie égyptienne. Il est le fils de Geb, dieu de la terre, et de sa sœur Noet, déesse du ciel. Il est devenu le roi de l'Égypte ancienne après Râ. Sa femme, qui est aussi sa sœur, est Isis. Avec elle, il appartient à l'Ennéade (les Neuf) d'Héliopolis. Son fils est Horus. Selon les histoires anciennes, Osiris était descendu du ciel et avait succédé à son arrière-grand-père Rê comme pharaon (roi) d'Égypte.

Dans l'Égypte ancienne, il était un dieu très populaire, incorporant les traits de toutes sortes de dieux. Il a pris de l'importance et est devenu l'un des dieux les plus grands et les plus importants d'Égypte. Sa mort est décrite dans l'une des histoires de dieu les plus célèbres de l'Égypte ancienne : le *mythe d'Osiris*. Osiris est devenu le dieu des morts et de la vie éternelle dans l'au-delà. Des représentations du pharaon se soumettant à la détermination du destin par Osiris (la pesée du cœur, ou la pesée de l'âme éternelle/divine) sont visibles dans toutes les chambres funéraires des pharaons. Beaucoup ont érigé une stèle au tombeau d'Osiris à Abydos ou y ont fait transporter leur momie, afin de partager le sort d'Osiris. Chaque mort devenait un Osiris, c'est-à-dire une personne ressuscitée d'entre les morts, une renaissance.

Roi divin

Très tôt, il a été associé au dieu Andjeti de Busiris dans le delta, dieu des éleveurs de chèvres de cette région. C'est de lui qu'Osiris tient les attributs du bâton de berger et du flagelle (fléau). Par analogie avec l'Ogmyos celte, qui portait des attributs correspondants, respectivement la coupe du salut (= bâton de berger) et la massue (= fléau). En tant que "bon berger", Osiris était le roi-dieu et le roi-prêtre. On dit qu'il a effectivement régné en tant que roi à l'époque préhistorique, qu'il a été tué par son frère ennemi Seth, qui voulait s'emparer de l'héritage, mais qu'il a été vengé par son fils Horus. Les mythes qui entourent cet événement sont nombreux.

Selon les récits de la création d'Héliopolis (la ville du soleil), Osiris était l'héritier direct du dieu créateur Rê-Atou et donc son successeur légitime sur le trône terrestre. Au cours de l'"âge d'or", Râ était lui-même roi sur terre, mais après la rébellion des humains et la destruction partielle de l'humanité par l'œil de Râ, "Hathor-Sechmet", Râ créa les enfers et devint un dieu du ciel, naviguant quotidiennement sur sa barque le long de la voûte céleste. Avant de devenir le dieu des enfers, Osiris était donc un roi divin sur terre, selon le mythe. Chaque jour, à la sixième heure de la nuit, Rê et le dieu du monde souterrain Osiris s'unissent brièvement pour former Rê-Osiris. Cette histoire de la création est également une représentation prophétique de l'actualité d'aujourd'hui, à savoir le passage du quatrième au cinquième monde, l'ère solaire du Verseau (la Cité du Soleil).

Dieu de l'agriculture et de la fertilité

Osiris a appris l'agriculture de sa sœur et épouse bien-aimée Isis (l'agriculture est apparue au cours du 10e millénaire avant Jésus-Christ, après la dernière période glaciaire). Osiris était le dieu de la résurrection et de la fertilité. Ses fêtes (qui se déroulaient autour de la fête des semailles et de la récolte) étaient souvent entourées de rituels de fertilité dans lesquels les céréales jouaient un rôle majeur. Le symbole Djed auquel Osiris est souvent associé représentait l'arbre de vie. Son sommet comporte quatre protubérances. Chacun d'entre eux symbolise un (1) monde. Aujourd'hui, nous sommes arrivés à la fin du quatrième monde. On dit que le symbole trouve son origine dans un ancien rituel de la nature intégré au dieu Chentiamentioe au début de la religion égyptienne. Ce dieu d'Abydos a été assimilé plus tard au dieu Osiris. Chaque fois qu'il y a un mariage combiné à une relation incestueuse, l'intention est impliquée. Les gens connaissaient les dangers de telles relations aussi bien qu'aujourd'hui. Par conséquent, lorsqu'un enfant en est issu, il s'agit toujours d'un enfant saint, né de nouveau. (Par analogie : le récit de la naissance de Jésus).

Cela indique qu'Osiris est le dieu de la végétation. Il s'est manifesté dans le grain, qui est enfoui dans la terre mais qui, par une force créatrice spontanée, remonte et porte des fruits dans l'épi qui germe. Dans les mystères dits d'Osiris, on veillait sur le cadavre d'Osiris et on fabriquait une statue d'Osiris à partir de boue séchée du Nil et de céréales. Lorsqu'il est humidifié, le grain s'émousse ; un symbole de la végétation mourante et montante (voir aussi poupée de grain).

Osiris doit son teint noir ou vert au limon noir du Nil et aux cultures vertes qui en découlent. En tant que constellation d'Orion, Osiris était responsable de l'inondation annuelle du Nil.

Dieu de la lune

Osiris était en outre le dieu de la lune décroissante et croissante et de la crue du Nil. Parfois, le dieu Iah (" lune ") est associé à Osiris, créant ainsi une divinité mixte : Osiris-Iah. Le cycle lunaire est donc lié à l'aspect de régénération d'Osiris. Dans le mythe de la bataille entre Horus et Seth, le corps d'Osiris est coupé en 14 parties, un nombre correspondant au nombre de jours de la "lune croissante". Après ces 14 jours, la "pleine lune" revient dans le ciel.

Lors de la bataille entre Horus, le fils d'Osiris, et Seth, le frère d'Osiris (dieu du désordre), Seth a blessé l'œil gauche (lune) d'Horus, mais Thot a réussi à le guérir. Horus a ensuite offert à Osiris son œil restauré (Wedjat, "le pur") afin qu'il puisse voyager en toute sécurité dans l'au-delà avec lui. L'endommagement et la réparation de l'œil gauche d'Horus sont associés au cycle lunaire mensuel. L'œil Wedjat est donc un symbole fort de régénération et de continuité, et de nombreuses amulettes ont été fabriquées, notamment pour aider les défunts, comme Osiris avant eux, à atteindre le Doeat (l'au-delà). Ils sont souvent en faïence verte (ou bleue), en rapport avec la résurrection d'Osiris dans l'autre monde. Le vert est la couleur de la récolte qui renaît de l'argile noire du Nil. Par conséquent, Osiris a un teint vert, ou noir.

Dieu levant

Osiris était également souvent identifié au dieu Vienna-nefer, " qui est constamment jeune ", ce qui convient à un dieu mourant et revivant, caractérisant de nombreuses statues d'Osiris de ce dieu autrement momifié ; un exemple clair de résurrection après une période de mort ou de sommeil symbolique.

Le héron Benoe est l'un des animaux divins d'Osiris, et il est donc représenté, entre autres, comme un héron avec une couronne atéphale. Le héron cendré symbolise le phénix, l'oiseau qui renaît de ses cendres et qui renaît d'un œuf. Un autre animal sacré d'Osiris est le taureau Apis, qui symbolise à la fois la fertilité et l'au-delà.

Dieu du monde souterrain

Osiris était également le souverain du Doeat, le monde souterrain ou royaume des morts. Les Égyptiens croyaient qu'il résidait dans un palais à l'ouest, par lequel les morts devaient d'abord passer. Il y était juge en chef, assisté de 42 assistants. À chaque passage, des serviteurs d'Osiris à tête d'animal se tenaient debout, testant les morts, comme le décrit le livre des morts égyptien *Amdoeat*. Au passage de la 6e et de la 7e heure, les morts sont arrivés au trône d'Osiris. Ici, son cœur serait pesé contre la Plume de Vérité de Maät (déesse de l'ordre cosmique). Si le mort avait mené une bonne vie, son cœur était plus léger et Osiris lui permettait d'entrer dans le champ Jaru, l'au-delà égyptien. Cependant, si le cœur était plus lourd que la plume, à cause de tous les péchés, le cœur et la personne morte étaient mangés par un monstre, le "mangeur de mort" Ammoet ou Amemet. Ammoet avait la tête d'un crocodile, les pattes avant d'un lion et l'abdomen d'un hippopotame.

Origine

L'origine d'Osiris comme dieu du royaume des morts vient de son assimilation (vers la 3e ou 4e dynastie) au dieu de la nécropole d'Abydos : Chentiamentioe (également Khontamentiu, Khentamenti, Khontamenti, Khenty Amentiu, Khenti Amentiu). Ce dieu de la mort aidait les personnes décédées à voyager vers la terre à l'ouest, et il était le conducteur de l'écorce solaire pendant les voyages de nuit.

Le tout premier temple d'Abydos était dédié à Chentiamentioe. L'association avec Osiris est apparue si tôt dans l'histoire que presque personne ne se souvient de l'origine de son rôle de dieu du royaume des morts qui juge tous les défunts.

Fête de naissance

Au point culminant du festival Choaik, le 26 Choiak (28 décembre), les Égyptiens célébraient la (re)naissance d'Osiris sous la forme de Sokaris, le soleil radieux du matin, apportant une nouvelle vie à l'Égypte. Le zodiaque du temple de la déesse Hathor à Dendera montre la position des étoiles le 28 décembre 47 av. J.-C., date de la pleine lune, symbole de la résurrection d'Osiris, et du 26 Choiak, ou fête de la renaissance d'Osiris.

Le mythe d'Osiris

Le frère d'Osiris était Seth. Seth était jaloux de son frère parce qu'il était roi. Alors il a imaginé une ruse. Il a fait un cercueil et, par un mensonge, Osiris a dû "juste ramper" dedans. Seth a ensuite refermé le coffre et l'a jeté dans le Nil, mais Isis a retrouvé le coffre. Seth, furieux, découpa le cadavre d'Osiris et le jeta aux quatre coins de l'Égypte ancienne. Isis (la femme d'Osiris) a voyagé pendant des années à la recherche de la dépouille de son mari. Après une longue recherche, elle a trouvé les parties du corps, à l'exception de son organe sexuel (qui avait été avalé par un poisson et remplacé par un organe sexuel en bois), et les a momifiés en un seul. Osiris est resté assez longtemps pour engendrer un autre enfant : Hols. Ce dernier est devenu roi d'Égypte après une longue bataille avec Seth.

Sources

Si le mythe d'Osiris est bien connu et tissé dans toutes sortes de contextes, il n'existait pas sous forme de récit détaillé dans l'Égypte ancienne, du moins aucune trace n'en a été trouvée (pour l'instant).

Certains éléments du mythe apparaissent dès les premiers Textes des Pyramides de l'Ancien Empire. Au Moyen Empire, on trouve des références au mythe dans les textes du Sarcophage et au Nouvel Empire dans le Livre des morts. D'autres sources incluent la *pierre Shabaka de* l'Égypte ancienne et le texte *Bataille entre Horus et Seth* sur le papyrus 45.

La version la plus complète de l'Égypte ancienne, le *Grand Hymne d'Osiris*, est conservée sur la pierre tombale d'un haut fonctionnaire, Amenmose, de la 18e dynastie (environ 1500 av. J.-C.). Ce récit ne fournit pas tous les détails. Une traduction en néerlandais n'a jamais été réalisée, mais deux traductions en anglais l'ont été :

Le penseur grec Plutarque (46-120 après J.-C.) a compilé le mythe le plus complet d'Osiris dans son livre *De Iside et Osiride*. On dit qu'il a basé son travail principalement sur les traditions orales du mythe et les travaux écrits antérieurs de Diodoros de Sicile et d'Hérodote. L'œuvre tardive de Plutarque (premier siècle de notre ère) contient de nombreuses informations supplémentaires que l'on ne trouve pas dans les sources de l'Égypte ancienne, ainsi qu'un grand nombre de "grécisations". La version de Plutarque est la plus largement citée dans la littérature contemporaine. Cependant, il existe une différence substantielle entre la pensée grecque et la pensée égyptienne.

A titre d'exemple : Plutarque, dans son récit, mentionne la naissance d'Horus - le fils d'Osiris et d'Isis - du vivant même d'Osiris. Un relief dans le temple du pharaon Séti Ier (19e dynastie, 1294 - vers 1279 av. J.-C.) parle de la conception d'Horus après la mort d'Osiris. Dans un autre mythe, Horus aurait été conçu par Isis et Osiris, frère et sœur, encore dans le ventre de leur mère. Ainsi, Osiris, Horus, Seth, Isis et Nephtys naîtraient successivement de Noet les cinq jours supplémentaires de l'année par rapport aux 360 jours habituels, ceci en raison de la malédiction de Râ, le dieu du soleil, selon laquelle les enfants de Noet ne pouvaient naître aucun jour de l'année.

Les variantes de l'Égypte ancienne donnent d'autres épisodes, qui sont absents de Plutarque ; les textes des pyramides mentionnent vaguement qu'Isis et sa sœur Nephtys réunissent les "parties" d'Osiris ; le *grand hymne d'Osiris* indique qu'Isis utilise ses ailes pour "créer un souffle pour Osiris" afin qu'elle puisse concevoir. le corps d'Osiris est momifié, souvent avec l'aide d'Anoebis et de Thot, et Osiris devient ainsi la première momie, ce qui explique l'apparition du dieu (dans des linceuls) ; lorsque Horus a grandi, il est reçu par l'Ennéade dans la salle d'audience de Geb, le père d'Osiris et de Seth, et un procès s'ensuit ; dans certaines versions, dans le cadre du procès, des duels ont lieu entre Horus et son oncle Seth, comme une course de bateaux. À la fin, Horus est couronné par la cour des dieux comme le successeur légitime d'Osiris. Les pharaons terrestres reprennent alors le rôle de roi légitime d'Horus. Et lorsque le roi meurt, il devient Osiris et son successeur est à nouveau associé à Horus.

Version longue

"Le mythe d'Osiris est l'histoire la plus célèbre de l'Égypte ancienne et traite de sa mort et de sa résurrection - un thème qui reflète le cycle quotidien de la "mort" du soleil au coucher et de sa "naissance" au lever. Osiris n'était pas seulement le dieu de la royauté et la force vitale du pharaon, il était la personnification de la fertilité de la terre et l'esprit du cycle de végétation. En tant que souverain du royaume des morts, il accordait une nouvelle vie à ceux qui avaient gagné l'immortalité par leur pureté de vie."

Osiris est né de Geb, la terre, et de Noet, la déesse du ciel. En tant que roi d'Égypte, il était juste et établissait des lois pour son peuple. Il connaissait non seulement la gloire mais aussi l'envie. Son travail de roi l'obligeait à voyager beaucoup. De retour d'un de ses voyages, Osiris, conduit par son frère Seth, est accueilli à un banquet par 72 conspirateurs. Au cours de ce repas, Seth a exposé un beau cercueil, richement décoré. Après que tout le monde ait admiré le cercueil, Seth a promis de donner le cercueil à celui qui s'y trouvait, en disant qu'il était le dieu le plus puissant. Ensuite, ils se sont tous relayés pour s'allonger dans le cercueil. Personne ne s'est adapté. Quand ce fut le tour d'Osiris, il entra dans le cercueil et s'y étendit. Le cercueil était exactement à sa taille. Les conspirateurs se sont regroupés autour du cercueil, ont cloué le couvercle et ont jeté le cercueil recouvert de plomb dans le Nil. Quand Isis a appris ce qui était arrivé à son mari, elle a coupé une de ses mèches et s'est habillée d'une robe de deuil.

Après la mort d'Osiris, Seth a régné sur l'Égypte comme un souverain cruel. Isis a fui et s'est caché dans le delta du Nil. Entre-temps, le cercueil contenant le corps d'Osiris avait été ballotté par les vagues sur la côte de Byblos. Un jeune cèdre l'a entouré et a grandi pour devenir un bel et grand arbre. Le roi de Byblos a admiré l'arbre, l'a abattu et a étayé le toit de son palais avec le tronc.

Les dieux et les démons ont diffusé ce message et c'est ainsi qu'il a été porté à l'attention d'Isis. Pour s'assurer qu'elle - une déesse - puisse entrer dans le palais, Isis a imaginé une ruse. Elle se rendit à Byblos et s'assit au pied d'une source. Elle ne parlait à personne, mais entourait les serviteurs de la reine avec soin ; elle tressait leurs cheveux et embaumait leur peau avec le parfum qu'elle répandait elle-même. Quand la reine a vu ses serviteurs, elle a envoyé chercher Isis et l'a employée. On lui a confié la tâche de s'occuper du bébé de la reine. La nuit, Isis se transformait en hirondelle et volait autour du pilier en portant le corps d'Osiris. Espionnée par la reine, la vraie nature d'Isis est devenue connue. Craignant d'avoir offensé une déesse, la reine a proposé à Isis de s'approprier un objet du royaume. Isis choisit le grand pilier de cèdre sculpté du palais et le coupe en deux de toutes ses forces. A l'intérieur du pilier se trouvait le cercueil contenant le corps d'Osiris. Elle place le cercueil dans un bateau, prend le fils aîné du roi et s'en va. Vers le matin, un vent glacial s'est levé sur la rivière Phaidros. Isis s'est enflammée de colère et a évaporé les eaux du fleuve dans son lit. Arrivée dans une région déserte, elle ouvre le cercueil et embrasse son mari mort. Le fils du roi regardait, mais dans sa colère, Isis lui jeta un regard terrible. Cette vision était trop forte pour lui et il est mort. Isis a caché le cercueil avec le corps d'Osiris dans les roseaux du Nil.

En chassant à la lumière de la lune, Seth a trouvé le cercueil. Il a coupé le corps en 14 morceaux et les a dispersés sur le Nil. Quand Isis a découvert le cercueil vide, elle a fait tout son possible pour récupérer les morceaux de corps éparpillés. Elle les a tous trouvés sauf un : son membre masculin. Le symbole de sa vitalité a été perdu. En utilisant sa magie et une brindille ou une branche à la place de son membre, elle réussit à lui faire concevoir un enfant, Horus. Après sa naissance, elle a caché Horus près de Boeto, dans les marais du delta du Nil, où il a été protégé magiquement par sept scorpions venimeux. De retour auprès d'Osiris, Isis embaume et momifie son mari, et ainsi Osiris, destiné par Râ à être le roi des morts, obtient la vie éternelle.

Après avoir atteint sa majorité, Horus rendit visite à Seth et revendiqua le trône comme son successeur légitime. Seth a rejeté la demande. Après une longue bataille, Horus a vaincu son oncle et a succédé à son père Osiris comme roi des vivants.

Orion

Sirius, l'*étoile du chien*, est la plus importante des étoiles du ciel austral. C'est l'étoile la plus brillante du ciel nocturne et son lever, après 70 jours d'invisibilité, coïncide avec le début du déluge du Nil, fin juillet, et marque le début de la nouvelle année. Selon la mythologie égyptienne, le déluge du Nil est le fluide corporel d'Osiris, tué et mutilé. Sa veuve Isis cherche désespérément à retrouver son cadavre. Dans la mythologie, Sirius est la déesse Sopdet, associée à Isis, et la constellation Orion, qui se déplace dans le ciel nocturne juste avant Sirius, est Osiris. Les Égyptiens représentaient Orion sous la forme d'un homme, au regard désespéré, suivi de son épouse Isis (Sirius).

Serapis

Lorsque les Grecs ont gouverné l'Égypte sous le nom de Ptolémée après la conquête d'Alexandre le Grand, plusieurs dieux grecs importants tels que Zeus et Hadès ont été unis à l'Osiris et au taureau Apis égyptiens. C'est ainsi qu'est né le "nouveau" dieu Sérapis, que les Grecs et les Égyptiens pouvaient vénérer, car on cherchait un moyen d'unir les deux peuples différents. Ensuite, les villes ont également reçu les noms grecs que nous leur connaissons aujourd'hui. Les dieux égyptiens étaient associés aux dieux grecs, comme l'Hermès grec et le Thot égyptien ; la Pallas Athéna grecque et la Neith égyptienne. Serapis avait une apparence grecque, avec des boucles luxuriantes et une grande barbe. À Alexandrie, une statue de dix mètres de haut lui a été érigée dans son nouveau temple.

Ptah

Egalement orthographié Phthah.

L'architecte cosmique, un dieu des arts, de l'artisanat et des métiers, et un protecteur des artisans.

Les Grecs identifiaient Ptah à leur dieu Héphaïstos, et les Romains à Vulcain.

Ptah, également orthographié **Peteh,** était dans la mythologie égyptienne de l'Ancien Empire la déification du monde primordial dans la cosmogonie Enneadienne, qui était littéralement appelé Ta-tenen avec la signification de *terre levée*, ou comme *Tanen*, avec la signification de *terre inondée*.

C'était la divinité locale de la ville de Memphis, qui fut longtemps la capitale de l'Ancien Empire. Il existe une version de l'histoire de la création égyptienne dans laquelle ce n'est pas le dieu du soleil Râ qui est le dieu de la création, mais Ptah. Cette version est immortalisée sur la pierre de Palerme qui ornait autrefois le temple de Ptah à Memphis. Ce sanctuaire était appelé *Hwt-ka-Ptah* ou "Maison de l'esprit de Ptah".

Il est le compagnon de Bastet et de son aspect féroce, Sechmet. Il est représenté comme un homme de grande taille, aux vêtements ajustés et à la coiffe étroite. Il porte un bâton combinant le signe Djed, le sceptre Was et le signe anch. À partir du Moyen Empire, on lui a également attribué une barbe droite.

Ptah est le potier parmi les dieux et aussi celui qui apporte la forge et la sculpture. Il a créé l'humanité sur son tour de potier et reste toujours à ses côtés. Il les a formés à partir de l'argile et leur a insufflé une étincelle divine (voir la Genèse). On dit aussi qu'il a créé le monde "*avec les pensées de son cœur et les mots de sa langue*".

Ensuite, Râ lui a succédé, puis Shu, Geb, et Osiris. Puis Seth a pris le pouvoir mais il a été vaincu par Horus.

Le nom en transcription *Ḥwt-k3-Ptḥ* (de *Hwt-ka-Ptah* ou *Hat-ka-Ptah* " temple du Ka de Ptah ") a été traduit en grec par " Αι γυ πτος " ou " Aeguptos ". Dans la Grèce antique, au fil du temps, le nom de ce sanctuaire est passé à toute la région : c'est le nom de l'Égypte.

Les gens considéraient Imhotep, qui a construit la pyramide à degrés, comme son fils.

Dans l'Ancien Empire, son culte a fusionné avec celui du dieu faucon Sokar ou Sokaris. De cette combinaison est né le dieu funéraire **Ptah-Sokar**. Naturellement, cette divinité a progressivement adopté les attributs du dieu funéraire Osiris. C'est ainsi qu'est né **Ptha-Sokar-Osiris**, dont les effigies étaient souvent offertes comme cadeaux funéraires à des particuliers.

Les Grecs anciens l'ont inclus dans leur panthéon sous le nom d'Héphaistos.

Re

Également orthographié Ra ou Phra.

Le dieu suprême du soleil, père de toute la création sous la forme d'Atum.

Rê ou **Re** est le dieu du soleil de la mythologie égyptienne. Il était l'un des dieux les plus vénérés et les plus importants de la mythologie égyptienne. Le dieu était surtout associé à d'autres dieux. Dans la mythologie égyptienne primitive, il avait en partie l'apparence d'un faucon, ce qui fait de lui Re-Horakthy (Rê, Horus de l'horizon). En tant que soleil du matin, il était associé à Chepri et en tant que soleil du soir à Atum. Râ est resté important tout au long de l'histoire de l'Égypte pharaonique. Le dieu était généralement le point central des textes religieux et des mythes de création.

Le dieu s'est vu attribuer de multiples rôles au cours de l'histoire.

- *Le maître du ciel*. Le *mythe de la vache céleste* raconte qu'à l'âge d'or parfait, lorsqu'il n'y avait ni jour ni nuit, Râ habitait sur terre avec les autres dieux et que les dieux et les humains vivaient en harmonie. Cependant, lorsque Râ devint trop vieux pour régner sur la terre et que l'humanité se rebella contre lui, Râ, après avoir consulté Noen (l'eau primordiale), envoya son œil Hathor-Sechmet dans le monde pour détruire l'humanité. Râ le regrette au dernier moment et concocte une ruse avec Shu et Thot pour arrêter l'œil. Râ a créé un lac avec de la bière de couleur rouge et comme l'œil pensait que c'était du sang, il a bu le lac et s'est calmé. L'œil est passé de la féroce déesse lionne Sechmet à la tendre déesse vache Hathor. Ainsi, l'humanité primitive a été sauvée des effets dévastateurs de l'œil de Râ.

Rê s'est ensuite retiré sur le dos de Noet (la vache du ciel), qui a été soulevé par Shu (le dieu du ciel), écarté de Geb (le dieu de la terre), pour devenir les hauts cieux. Râ a ensuite créé le monde souterrain *Doeat* et est devenu le maître du ciel. Râ a maintenant commencé son voyage quotidien le long de la voûte céleste. Là, il navigue dans sa barque d'or d'environ 770 coudées (400 mètres de long) avec Maät, d'autres dieux et parfois le pharaon à ses côtés. La barque de jour est ramée par les étoiles circumpolaires (qui ne se couchent jamais) et la barque de nuit par les décans (étoiles des semaines de dix jours de l'année égyptienne) et les planètes. Lors de sa naissance ou de son éveil quotidien, Râ porte le nom de Chepri et est salué par les cris des babouins au lever du soleil. Entre autres, Shu et Heh (éternité) soutiennent Chepri lors de son ascension vers le sommet du ciel. Vers midi, Chepri contourne sans encombre le "banc de sable d'Apophis" et poursuit son voyage en tant que Râ. Lorsque, en tant qu'ancien dieu du soleil Atum, il meurt au coucher du soleil, il entre dans le monde souterrain.

- *Le maître de la terre.* Un mythe raconte que le dieu Rê était autrefois un pharaon avant l'époque des pharaons prédynastiques. De nombreux pharaons chantaient des hymnes dans lesquels Rê faisait chauffer la terre et pousser les cultures (Akhenaton).
- *Râ dans le monde souterrain.* Tout comme le dieu commence à voyager dans les cieux avec son écorce, il fait de même dans les enfers pour ressusciter les morts. Le soir, Râ meurt à l'ouest sous la forme de l'ancien dieu du soleil Atum. Après le coucher du soleil, un voyage dangereux et rajeunissant commence pour Râ, souvent sous la forme d'une momie à tête de bélier. On peut le voir dans la *Litanie de Ré* et dans divers livres du monde souterrain, comme le *Livre de la nuit*. Dans le monde souterrain, il est tiré par un certain nombre de chacals et de cobras uraeus. Divers dieux, Isis, Nephthys, Horus, Hoe (le commandement parlé), Sia (la perception), Wepwawet (l'ouvreur des voies), Thot, et même Seth (le dieu du désordre), aident à accomplir le voyage. Ainsi, l'équilibre entre le bien et le mal est maintenu et le soleil peut renaître en tant que Chepri à l'aube. Ra est appelé le seigneur de l'éternité pour ce voyage récurrent. Chaque nuit, il rencontre Apophis, qui l'attaque, mais à chaque fois il est vaincu sans jamais être tué. Le sang d'Apophis colore le ciel en rouge

chaque matin, preuve qu'il a été vaincu une nouvelle fois. Celle-ci est également importante pour sa survie, et pour les démons qu'il peut également rencontrer dans le royaume des morts. Dans le monde souterrain, pendant la septième heure de la nuit, Rê est assimilé à Osiris sous le nom de Rê-Osiris et est vénéré. Alors le *ba* est uni au corps et le jour à la nuit.

- *Râ comme dieu créateur.* De nombreux récits de création ont été inventés tout au long de l'histoire égyptienne, comme à Héliopolis où le dieu Rê (d'abord Atoum) a créé le monde. Râ était aussi appelé le père et la mère de tous les êtres vivants. Au cours du Nouvel Empire, Rê est surtout associé au dieu créateur thébain Amon à Amon-Rê.
- *Râ en tant que roi et père du roi.* Dans la mythologie égyptienne, la création de la royauté et celle du monde étaient assimilées. Amon-Rê était considéré comme le père des rois et les rois de la 5e dynastie égyptienne étaient de véritables fils du dieu Rê. Ils devaient gouverner selon l'ordre ou le *Maät*.

Origine

Selon le mythe de la création helipolitaine, une colline primordiale (*Benben*) est née de l'eau primordiale (*Noen*). Sur ce premier élément solide, Ra-Atoum est apparu. En " crachant ou en se masturbant ", il créa une descendance : deux enfants Shu (air, lumière) et Tefnut (humidité, parfois assimilée à l'atmosphère des enfers). Ensemble, ces deux dieux primordiaux ont eu deux enfants : le dieu Geb (terre) et la déesse Noet (ciel). Geb et Noet ont été séparés par leur père Shu. Grâce à Thot, le dieu de la connaissance et de l'écriture, ils ont pu passer les quatre derniers jours de l'année ensemble et leurs quatre enfants Osiris, Isis, Seth et Nephtys sont nés. Ces neuf dieux forment l'Ennéade (les neuf) d'Héliopolis. Selon les Égyptiens, la colline primordiale benben est située dans la ville d'Héliopolis (ville du soleil) et le plus grand sanctuaire de Rê s'y trouve également.

Pourtant, la déesse vache Hathor, la déesse mère qui nourrit tout, est généralement considérée comme la mère de Râ. Il y a aussi l'idée que Râ est né de la déesse du ciel Noet. C'est étrange car, selon le mythe de la création héliopolitaine, Noet est sa petite-fille. De même, les déesses vaches célestes Hathor (" maison d'Horus "), Mehet-weret (symbole de l'océan céleste sur lequel Rê navigue dans son vaisseau solaire) et Ihet (" la vache ") sont également considérées comme la mère du dieu soleil Rê. Hathor n'est pas seulement sa mère, mais aussi sa fille.

Apparitions

Râ a été vénéré tout au long de l'histoire de l'Égypte. Sans surprise, le dieu avait des apparences différentes. Le dieu pouvait être vénéré sous la forme d'un disque solaire Aton avec un cobra uraeus et avec ou sans ailes déployées. Mais la plupart du temps, Râ était vénéré sous la forme d'un dieu au corps humain et à la tête de faucon, de bélier et de scarabée avec un disque solaire sur la tête. Il pouvait être représenté sous la forme de divers animaux : bélier, scarabée, phénix, serpent, taureau céleste Mnevis, matou, lion et animaux composites.

Les autres noms de Râ

Certains dieux ont remplacé d'autres au fil du temps ou ils ont été fusionnés avec d'autres. Puis ils sont devenus un dieu ensemble.

La fusion de Râ avec d'autres dieux

- Amon et Râ ensemble sont devenus Amon-Ra.

- Horus et Râ ensemble sont devenus Râ Horakhty.

- Atoem et Ra sont devenus Atoem-Ra ensemble.

- Osiris et Râ, ensemble, sont devenus Râ-Osiris.

- Sobek et Râ sont devenus Sobek-Ra ensemble.

Vénération

Le dieu du soleil est mentionné pour la première fois dans le nom de Raneb, un roi de la 2e dynastie égyptienne. À partir de la 4e dynastie, les rois se voyaient automatiquement attribuer le titre de Fils de Râ à leur longue série de titres. Rê était vénéré dans son centre, Héliopolis, et dans tout le pays jusqu'à la fin de l'époque pharaonique. Le dieu Râ est même mentionné dans les textes coptes comme dans l'ordre : Jésus, le Saint-Esprit et le dieu soleil Râ. Le dieu était vénéré par toutes les couches de la société, partout où il apparaît dans les textes magiques.

Shu

Le dieu de l'air

Shu est un dieu de l'histoire de la création égyptienne, l'un des premiers dieux créés par le créateur. Il a émergé d'Atum.

Il était le dieu de l'air sec, tandis que sa sœur Tefnut représentait l'élément humide. Ils sont le frère et la sœur de Geb et Noet et la marraine et le parrain d'Osiris, Isis, Seth, Horus et Nephtys. Shu appartient à l'Ennéade d'Héliopolis, mais avait un culte particulier à Léontopolis, dans le delta du Nil. Shu est représenté avec une forme humaine sur laquelle se trouve une plume. Il se tient souvent entre Geb et Noet. Comme Atlas, il soutient le ciel.

Sebek

Également orthographié Sobek ou Sobk.

Un dieu associé non seulement à la mort et aux enfers mais aussi - en tant qu'aspect du dieu tout-puissant Re - à la vie éternelle pour les cœurs purs.

L'historien grec Hérodote a noté que Sebek était également vénéré dans un temple insulaire du lac Moeris, sur la partie occidentale d'Al-Fayyum, ainsi que dans la ville de Thèbes. Le culte du crocodile divin, notamment en tant qu'oracle, a perduré jusqu'à l'époque de l'Empire romain.

Sobek ou **Sebek** est un dieu de la mythologie égyptienne. Il est le dieu de l'eau, le Nil a été créé à partir de sa sueur, il avait la tête d'un crocodile et symbolisait la fertilité du Nil et le pouvoir des pharaons. Sobek était le fils de Neith et était particulièrement vénéré à Fajum. La région est devenue si fortement associée au dieu crocodile que les Grecs ont même nommé une ville voisine Crocodilopolis. Plus tard, Sobek était considéré comme une incarnation du dieu Amon. Sur les images, il est représenté comme un homme avec une tête de crocodile ou un crocodile (momifié). Souvent, Sobek porte sur sa tête le disque solaire avec un cobra. Synonymes : Suchos, Sebek, Sebek-Ra, Sochet, Sobk, Sobki, Soknopais.

Sobek et le livre des morts

Le Livre des morts égyptien mentionne Sobek comme le dieu qui a assisté Isis à la naissance de son fils Horus. Il était également considéré comme responsable de la protection qu'Isis et sa sœur Nephtys apportaient aux morts.

Thoth

Aussi appelé Djehuti, Djhuty, Dhouti, Zehuti, Tahuti, Zhouti, Techa, ou Thout.

Thot est le dieu à tête d'ibis de la sagesse, de l'intelligence et de la magie.

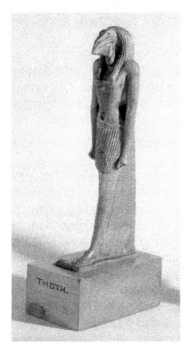

Les Grecs identifiaient Thot à leur propre dieu Hermès et pensaient qu'il était la source de toute la sagesse connue de l'humanité. Les Grecs d'Alexandrie l'ont identifié comme le mage Hermès Trismégiste ("le trois fois grand").

Thot ou **Djehoety** était le dieu égyptien de la lune, de la magie, du calendrier, de l'écriture et de la sagesse. Selon la mythologie, il avait inventé l'écriture et transmis ce savoir à l'humanité. Il agissait dans le monde souterrain en pesant le cœur, en notant le verdict de Maät et en amenant le défunt à Osiris. *Le babouin au beau visage* était une épithète pour Thot. Il était considéré comme l'être "auto-conçu" et "auto-produit" qui était *Un*. Son nom égyptien Djehoety ou Tehuti est dérivé du plus ancien nom pour "ibis" : *djehoe / tehu.*

Animaux

L'animal sacré de Thot est donc l'ibis, et ses attributs sont l'écritoire et le griffon. L'association avec l'oiseau s'explique par le fait que lorsque le Nil est en crue, les ibis reviennent en Égypte, marquant ainsi une période du calendrier. Des stylos étaient également fabriqués à partir de leurs plumes.

Il est aussi souvent représenté comme un babouin. Le babouin symbolise le soleil levant et l'origine de la création. Ces animaux émettent un son strident en chœur juste avant l'aube, "annonçant" le dieu du soleil, Râ.

Maät

Thot se tient avec Maät dans la barque de Râ. Selon la mythologie égyptienne, il est né avec elle. Maät est la déesse qui personnifie la véracité, la justice et l'ordre cosmique (égyptien : ma-at). Elle existe depuis au moins l'Ancien Empire et est mentionnée dans les textes des pyramides, debout derrière le dieu du soleil, Râ. Maät peut être considéré comme le pendant féminin de Thot. Dans les représentations des momies et des tombes, tous deux se tenaient aux côtés de Rê, selon le mythe dans lequel il est sorti de l'abîme de Noen (l'eau primordiale). Leur genèse a donc coïncidé, y compris celle de Râ. La nuit, en tant que dieu de la lune, Thot est l'adjoint du dieu du soleil. En tant que dieu de l'écriture, il est aussi considéré comme le "secrétaire" de Râ.

Isis

Lors de la bataille entre Seth et Horus, Isis a tenté de sauver la vie de son fils Horus. Seth est devenu si furieux qu'il a coupé la tête de sa soeur Isis. Thot a ensuite guéri Isis par magie en lui donnant une tête de vache.

Hermès

Son principal centre de culte était à Hermopolis Magna (égyptien : *Chemenoe*), où deux statues massives de ce dieu sont encore conservées. La ville doit son nom grec au dieu Hermès, car plus tard, Thot a été identifié à lui et mentionné comme *Hermès Trismégiste*. "Trismegistos" (ou en latin "Ter Maximus"), comme épithète chez les auteurs classiques, indique la grandeur de Thot et signifie "trois fois plus grand". On lui attribua plus tard un écrit sur lequel les alchimistes se sont appuyés.

Les livres de Thot

Selon l'historien égyptien Manéthon, Thot a écrit de nombreux livres, et le père de l'Église Clément d'Alexandrie, dans le sixième livre de ses *Stromata*, mentionne 42 livres de Thot, contenant "toute la philosophie des Égyptiens".

Femme Déesse

Anuket

Anuket (grec : **Anukis**) était une déesse du sud de l'Égypte et des cataractes. Elle était vénérée dès l'Ancien Empire dans la région d'Assouan, où elle était la fille de Rê. Au Moyen Empire, elle devient déesse dans la triade d'Éléphantine, où elle joue le rôle de l'enfant. Anukis était vénérée avec Chnoem et Satet à Éléphantine et Assouan. Dans le sud de l'Égypte, un temple de la déesse se dressait sur l'île de Seheil. Elle était vénérée en Basse-Nubie avec d'autres dieux. Plusieurs portent des noms contenant le mot "Anukis".

Festival

Anuket avait son propre festival qui commençait lorsque le Nil commençait à monter. Puis les gens ont jeté des pièces de monnaie, de l'or et des bijoux dans la rivière. C'est en remerciement de la vie que la rivière leur a donnée. Il y avait un tabou sur la consommation d'un certain type de poisson qui était considéré comme sacré.

Rôle

Il est difficile d'établir quel était son rôle. Elle était plutôt la mère du roi mais pouvait aussi être une déesse de la guerre si elle était associée à Hathor. À l'époque ptolémaïque, Anuket est devenue la déesse de la fertilité. C'est parce qu'elle a donné la fertilité sous la forme du Nil.

Signification du nom

Le nom est difficile à interpréter, mais aurait quelque chose à voir avec l'*étreinte*. Cela pourrait alors être à la fois une étreinte maternelle et une strangulation mortelle. Ce double sens pourrait éventuellement indiquer la double nature d'Hathor, à laquelle elle était assimilée à Thèbes. Quoi qu'il en soit, Anukis s'est vu attribuer un rôle maternel mythique à l'égard du pharaon et on lui a parfois attribué l'épithète de "*mère du pharaon*". Parfois, elle est aussi représentée en train d'allaiter le pharaon, comme dans le petit temple nubien de Beit el-Wali.

Bastet

Également appelé Bast, Pasht ou Ubastet.

Une déesse à tête de chat associée à la musique et à la danse, à la protection contre les maladies et les mauvais esprits, et à la sécurité des femmes enceintes.

Bastet (à l'origine : **Bast**, également **Pakhet**, **Ubasti** et **Bubastet**) était une déesse de la fertilité dans la mythologie égyptienne, représentée sous la forme d'un chat. Dans sa forme la plus ancienne, elle pouvait également être représentée avec une tête de lionne et un ankh. Elle est la déesse de la joie, de la danse, de la musique, de la célébration, de la vie et de la chaleur.
 Elle apparaît depuis la 2e dynastie et était alors considérée comme la protectrice du pharaon. Elle tient habituellement un sistre. Elle peut également être représentée comme une mère allaitant ses petits.

Mythologie

Bastet avait le pouvoir d'invoquer une éclipse solaire, et était également une déesse de la fertilité. Elle représentait le côté bénin de la déesse Hathor. Comme son opposé, la déesse punitive Sekhmet a été nommée. Ces trois-là formaient ensemble une triade de dieux. Bastet était la fille d'Osiris et d'Isis, la compagne de Ptah et la mère de Miysis et de Nefertem.

De même, Bastet était la patronne de la femme au foyer et, à un moment donné, elle a été associée au parfum. Lors de ses fêtes, on buvait une énorme quantité de vin et on dit qu'il y avait environ 700 000 visiteurs. Ceci était lié à la régénération du pharaon qui devait prouver ou restaurer sa fertilité après un certain nombre d'années lors d'une grande fête dans le delta du Nil. Les prêtresses accomplissaient alors de nombreux rituels de fertilité, avec l'aide des hommes.

Pendant la période ptolémaïque en Égypte, Bastet a été assimilée à Artémis, et son domaine est passé des éclipses solaires aux éclipses lunaires. La lune est généralement associée à la femme en raison de son cycle (menstruel). C'est elle qui a établi la mesure du temps (mensura) et le calendrier (mois). Pour ce faire, les trois phases visibles de la lune ont été utilisées comme points de référence. Par association, la croyance en des déesses à trois apparences est également souvent apparue. Cela s'appelait une triade ou triade, une trinité. Bastet - Hathor - Sechmet était une telle triade. À l'inverse, l'apparition d'une triade de déesses pourrait également être le signe d'une religion plus ancienne dont la déesse (mère) était la divinité suprême.

Vénération

Son culte était principalement centralisé autour de la ville de Boebastis, où, selon Hérodote, elle possédait le plus beau temple de tout le pays et le plus grand nombre d'adeptes. Elle avait ses festivals au cours desquels des festins exubérants avaient lieu. Il est possible que des cultes de fertilité aient également été pratiqués lors de la fête.

Comme Moet était également représentée sous la forme d'une déesse à tête de lionne (c'est ainsi que l'"Œil de Râ" était normalement représenté), ces deux déesses ont été associées sous le nom de Moet-Bastet.

Image

La déesse est représentée avec une tête de chat. Elle existe depuis la 2e dynastie et était alors considérée comme la protectrice du pharaon. Dans sa forme la plus célèbre (plus tardive), nous la voyons comme un chat ou une femme avec une tête de chat. Elle tient généralement un sistre ou un instrument de musique. Elle peut également être représentée comme une mère allaitant ses chatons.

Hathor

Également orthographié Athor.

La déesse de l'amour, de la fertilité, de la beauté, de la musique et de la joie.

Hathor ("Maison de Hor(us)") est une déesse mère de la mythologie égyptienne, appelée "mère des mères" et "mère des dieux". Elle est à la fois la mère et la fille du dieu du soleil, Râ. Le mot "maison" était utilisé de manière métaphorique dans la culture égyptienne ancienne pour désigner le corps de la mère, qui était symboliquement considéré comme un vaisseau, dans ce cas "englobant".

Elle était représentée dans sa forme la plus ancienne datant du 27e siècle avant J.-C. sous la forme d'une vache, plus tard parfois avec une tête de lion en association avec son aspect terrible Sekhmet. Son aspect solaire était mis en évidence par le disque solaire entre ses cornes de vache. Elle était "l'œil du soleil ou de la lune". Elle était "déesse royale" et protectrice de naissance. Parfois, elle avait deux visages, l'un regardant vers l'avant et l'autre vers l'arrière. Plus tard, Hathor a de plus en plus acquis les attributs de la déesse du trône Isis et a été identifiée à elle. Isis-Hathor (l'union d'Hathor et d'Isis) était la déesse la plus populaire de toute l'Égypte. Cette déesse était un parangon d'amour, de beauté, de joie, de pouvoir, de *régénération* et de maternité. C'était une déesse qui avait de nombreuses associations et donc beaucoup d'influence ; elle était l'ultime reine des dieux. En raison de ses divers attributs, elle pouvait être associée à presque toutes les déesses et apparaître de différentes manières.

Son principal site de culte était Dendera.

Caractéristiques

Serpent et déesse mère

La "Maison de Hor" existait avant toute création. Sa première forme était celle d'un serpent. À un moment donné, elle est très en colère et menace de détruire toute la création et de reprendre sa forme originelle de déesse-serpent. Les serpents sont la forme archétypale de la déesse mère partout autour de la Méditerranée, car ils symbolisent la vie éternelle, la fertilité et la sagesse. Sa fonction est celle de serpent primitif. Outre le serpent, elle est également associée à la vache.

À l'époque archaïque, l'Égypte polythéiste comptait des centaines de déesses, vénérées tout au long du cours du Nil. Une publication de hiéroglyphes sur ces seuls éléments couvrait autrefois trois mille pages. Peu à peu, les gens ont commencé à les regrouper sous des noms communs, car leurs fonctions et attributs étaient généralement très similaires, une évolution vers le monothéisme.

Koegodin

En tant que déesse vache céleste, Hathor est la mère du dieu soleil Rê, le dieu primordial de l'Ennéade (les neuf dieux). De plus, en tant qu'Œil de Râ, elle est aussi considérée comme la fille de Râ. Les quatre pattes de la grande vache sont les "supports célestes" aux quatre coins du monde. Son ventre tacheté est constellé d'étoiles du ciel céleste. Le dieu du ciel Shu s'agenouille sous le ventre de la vache céleste pour la soutenir en levant les bras. Selon le Livre de la vache du ciel, ses quatre jambes sont soutenues par les huit dieux Heh, les Ogdoade ou huit dieux primordiaux d'Hermopolis Magna. Les quatre fils d'Horus sont également associés aux quatre supports célestes. Habituellement, Hathor est la belle vache, qui s'élève au-dessus de nous. Plus tard, elle est vénérée comme la protectrice de tout ce qui égaye la vie humaine : l'amour, le sexe, le chant, la danse, l'ivresse et la fête.

Nourrice d'Horus

Hathor a été populaire sous ce nom tout au long de l'histoire de l'Égypte. Même lorsque, en 1400 avant J.-C., Akhenaton a tenté d'établir définitivement le monothéisme sous l'égide du dieu unique Aton, la grande déesse s'est avérée impossible à bannir de la vie des Égyptiens. Elle était également la nourrice du jeune dieu Horus dans le mythe de la naissance d'Horus. Le papyrus lui a été dédié ainsi que l'écriture et l'agriculture. Elle était la *Dame de l'Ouest* et saluait les défunts dans le monde souterrain.

Œil de Râ

Elle était également l'incarnation de l'Œil de Râ (l'œil qui voit tout, signe de sagesse) et dans le mythe de la destruction de l'humanité par Hathor dans le *Livre de la Vache du Ciel,* elle a également montré son côté destructeur dans son apparence de lionne Sekhmet.

Dame de Turquoise

Hathor était aussi la "Dame de Turquoise" ou "La Déesse Bleue". Les minéraux appartiennent à la terre, c'est-à-dire à la Déesse Mère. Cette pierre semi-précieuse était extraite dans le Sinaï et à Serabit el-Khadim se trouvent les vestiges d'un temple qui lui est dédié.

Dame des terres étrangères

Les terres étrangères étaient généralement considérées comme le domaine d'Hathor et le tribut payé à l'Égypte par les terres étrangères était un "cadeau de la Dame des terres étrangères".

Maîtresse de l'arbre de vie

Enfin, Hathor était "la maîtresse de l'arbre de vie", représenté par le figuier sauvage, selon une inscription sur une statue triadique d'elle trouvée à Gizeh, où cet arbre sacré était vénéré. La déesse romaine Diana, bien plus tardive, était également représentée près d'un arbre.

Attributs

La plupart des représentations montrent une femme jeune dont les attributs distinctifs sont l'épaisse perruque de vautour et les longues cornes de vache sur sa tête, avec le disque solaire entre les deux. La vache Hathor porte le disque solaire entre ses cornes, comme le ciel porte le soleil. Plus tard, les cornes de vache sont également utilisées comme couronne distinctive d'Isis, une déesse mère universelle associée à Hathor. Elle tient dans sa main le bâton, le *medustock*, qui indique qu'elle est celle qui peut parler ("a la parole"), et dans l'autre main elle porte un anchteken, symbole de prospérité et de fertilité (qui pourrait être dérivé de la forme d'un tube pénien). Sur le front et même sur la coiffe elle-même, le cobra uraeus, le symbole qui rappelle la forme primitive de la force créatrice, le serpent, ne manque généralement pas.

Cult

L'ancêtre de cette déesse était Ua Zit, dont le culte avait lieu dans l'Égypte ancienne, le Sinaï et le Canaan.

En l'honneur d'Hathor, le festival de l'ivresse était organisé.

Un temple qui lui est dédié se trouve toujours à Dendera. Un sanctuaire lui a été dédié à cet endroit dès l'époque prédynastique. Sufou a reconstruit le sanctuaire. Cléopâtre y est représentée avec son fils en bas âge (de César) Césarion. Dans l'Égypte ancienne, il n'y avait que trois lieux de pèlerinage pour la guérison. L'un d'eux était le temple d'Hathor où l'on pratiquait également la médecine.

Au fil des siècles, de nombreux rois y ont ajouté leurs hommages, jusqu'à ce que Ramsès II construise un second temple d'Abou Simbel pour son épouse Néfertari (19e dynastie).

Les prêtresses d'Hathor étaient appelées "Hathore". Les hathores maîtrisaient la danse, le chant et la musique. Plus tard, le nom s'appliqua également aux "femmes sages" et aux prophétesses attachées au temple. Par exemple, le pharaon Chufu consultait également une Hathore comme prophétesse personnelle, la prêtresse d'Hathor et de Neith, Hetepheres.

A Deir el-Medina aussi, le culte d'Hathor devient très populaire au Nouvel Empire. Elle y était vénérée, entre autres, sous sa forme de Meretseger, la déesse du serpent. Il reste encore des vestiges du temple d'origine, qui a ensuite été muré et a servi pendant un certain temps d'église chrétienne.

Elle était également vénérée en Nubie, notamment à Abu Simbel. Et à Byblos, on a retrouvé les vestiges d'un temple, dont les fondations datent d'avant le 28e siècle avant J.-C., dédié à Hathor.

Le culte d'Hathor fut finalement incorporé à celui d'Isis à une époque plus tardive, à laquelle elle était assimilée.

Heqet

Une déesse à tête de grenouille qui personnifie la génération, la naissance et la fertilité.

Dans la mythologie égyptienne, la déesse **Heket** était une déesse représentée avec une tête de grenouille et parfois entièrement représentée comme une grenouille. Elle était le complément féminin de Chnum. Cette déesse était une protectrice importante lors des grossesses et des naissances, qui étaient risquées dans l'Égypte ancienne. En relation avec les dieux primordiaux Chnoem et Osiris, elle était responsable de la création et de la renaissance de tous les êtres vivants et était également associée à l'au-delà.

Nous trouvons la première mention de cette déesse dans les textes des pyramides.

Son lien avec la naissance apparaît pour la première fois au Moyen Empire, dans les Carpates occidentales. Il y est mentionné que Heket *a hâté la* naissance des trois rois qui ont inauguré la 5e dynastie. Le terme de *serviteur de Heket* pour sage-femme pourrait également être utilisé à partir de cette époque.

La représentation sur les murs des temples est généralement celle d'une figure anthropomorphe avec une tête de grenouille, tandis que les amulettes (surtout en usage à partir du Nouvel Empire) sont généralement zoomorphes.

Son principal lieu de culte était Herwer (peut-être le moderne Hur près d'el-Ashmunein). Les vestiges d'un temple dédié à cette déesse ont été découverts à Qus. Mais elle apparaît aussi dans les temples d'autres divinités. Dans le temple d'Abydos, elle est représentée recevant un versement de vin de la part de Séti Ier. Elle est également représentée dans une tombe de Petosiris (vers 300 avant J.-C.) à Tuna el-Gebel, ce qui indique que son culte était encore très en vogue à cette époque.

Imentet

La déesse **Imentet** ou **Amentet** est une ancienne déesse égyptienne. Elle est la personnification de l'ouest et de la nécropole de la partie occidentale de la vallée du Nil.

Nom

Son nom Imentet vient de l'idéogramme *Imnt* qui signifie "ouest". Le signe pour l'ouest a été écrit de deux manières : un faucon avec une plume sur un support ou code R13 de la liste hiéroglyphique de Gardiner ; l'autre variante est une plume sur un support, code R14.

Rôle

La déesse a été retrouvée en images dans diverses tombes de l'Égypte ancienne. Elle accueille les défunts et leur offre de l'eau. Elle symbolise la nécropole occidentale de l'autre côté du Nil.

Apparition

La déesse Imentet ou Amentet est facilement reconnaissable au symbole au-dessus de sa tête. Bien qu'elle puisse être clairement distinguée des autres dieux, elle est souvent désignée comme une manifestation d'Hathor ou d'Isis.

Taille

Également orthographié Mayet, Maa, Maet, Maht, Maut.

Déesse de la vérité, de la loi, de la justice et de l'harmonie, elle est la personnification de l'ordre cosmique.

Maät ou **Ma'at** en Égypte ancienne désigne le concept de vérité, de stabilité, de justice et d'ordre cosmique. Il apparaît dans des textes dès le 3e millénaire avant Jésus-Christ. À partir du Moyen Empire, Maât devient la mesure du rôle principal du pharaon : *maintenir l'ordre cosmique pour la fertilité de la terre et de ses habitants.*

Dans la mythologie égyptienne, la déesse **Maât est la** personnification de ces concepts. Elle représente l'ordre cosmique depuis l'origine de l'univers. À la fin de son développement, elle était considérée comme la fille du dieu du soleil, Râ. Son homologue divin est Isfet, le chaos. Maät est souvent mentionné dans le livre des morts égyptien.

Concept philosophique

Maât (ou ma'at), en Égypte ancienne, est la désignation du concept qui réunit les qualités d'*essence, d'authenticité, d'authenticité, de rectitude, de justesse, de vérité, de stabilité, d'ordre cosmique, de rectitude* et de *justice*. Il désigne la légalité naturelle des choses dès leur origine. D'où également la *loi naturelle* par laquelle le cosmos est régi dès son origine. Ce principe est toujours invisible et immuable en arrière-plan. Comme un réflecteur, il ne participe pas lui-même aux événements, mais ceux-ci sont influencés par lui. Un texte ancien dit du maät : *"sa bonté et sa valeur devaient être durables. Elle n'a pas été perturbée depuis le jour de sa création, alors que celui qui viole ses ordonnances est puni."*

Le concept correspond au *Me* en Mésopotamie, la loi du destin qui était entre les mains des dieux et qui était présentée sur 12 tablettes avec des instructions, une par mois de l'année, annuellement au roi babylonien lors de sa réinvestiture.

Il n'existe pratiquement pas de mythes sur la déesse Maät, car elle est toujours restée beaucoup plus le concept abstrait qu'elle représente.

Origine et développement du concept

Mots hiéroglyphiques

La représentation hiéroglyphique du nom Maät consiste en une plume d'autruche. Elle peut également être désignée comme le bâton de règle d'un bâtisseur, ou le socle sur lequel étaient placées les statues des dieux. L'ajout d'une terminaison -*t* indique généralement une forme féminine (cf. *Baalat, Eilat*, et al). Parfois, comme dans ce cas, un -*a*- supplémentaire est placé entre le radical du mot et la terminaison pour faciliter la prononciation.

Signification

Le mot hiéroglyphique "maät" signifie principalement *"ce qui est droit"* et a probablement été donné comme nom à l'outil grâce auquel les artisans de toutes sortes maintenaient leur travail dans la bonne direction. C'est la même idée qui sous-tend le mot κανων (canon) chez les Grecs. Il s'agissait d'abord d'une mesure droite permettant de maintenir quelque chose dans le droit chemin, puis d'une règle telle qu'utilisée par les maçons, et enfin, métaphoriquement, d'une règle, d'une loi ou d'un canon, quelque chose qui permettait de maintenir la vie des gens dans le droit chemin. Ces idées appartiennent également au mot égyptien "maät". La déesse Maät est ainsi devenue la personnification des lois naturelles et morales, de l'ordre et de l'authenticité.

Maät était donc également associé à la régularité de la loi naturelle. La régularité avec laquelle le soleil se couche et se lève, par exemple, était exprimée dans l'image de Maät et Thoth accompagnant le dieu du soleil Rê dans sa barque, pilotée par Horus, sur son chemin droit d'est en ouest.

En sa qualité de chef du dieu soleil, Maât est appelé *"fille de Râ"*, et *"Œil de Râ"*, *"Dame du Ciel"*, *"Reine de la Terre"* et *"Maîtresse des Enfers"*. Et, bien sûr, elle était aussi la *"Dame des dieux et des déesses"*. Avec son autorité morale, Maât était la plus grande des déesses. Sous sa double forme de Maäti (c'est-à-dire la Maät du sud et du nord), elle devint la *"Dame de la salle du jugement"*, et devint la personnification de la justice ultime, donnant à chaque être humain sa part. Si l'on en juge par certaines vignettes où est représentée la "pesée du cœur", elle a parfois pris la forme de la balance elle-même.

Personnification

Maät est la déesse qui personnifie le concept de véracité, de justice et d'ordre cosmique (ma-at en égyptien). Elle existe au moins depuis l'Ancien Empire et est mentionnée dans les textes des pyramides, où elle se tient derrière le dieu soleil Râ. D'une manière générale, Maät peut être considérée comme l'équivalent féminin de Thot, dont elle est originaire, et selon les ouvrages funéraires, tous deux se tenaient aux côtés de Râ lorsque ce dernier est sorti de l'abîme de Noen. Plus tard, elle est également associée à Osiris, qui est très tôt appelé le *Seigneur du maât*. A partir du Nouvel Empire, elle est appelée *"fille de Rê"*. Assez tard, son rôle a été assimilé à celui d'Isis. Son mari était généralement Thoth, le dieu scribe. En tant que *fille de Rê,* elle a été prise pour la sœur du pharaon.

Valeur pharaonique

Bien que Maät soit mentionné dans des textes dès le 3e millénaire avant J.-C., le lien explicite avec la fonction de pharaon est de date plus tardive, surtout au Moyen Empire donc.

La tâche principale de chaque pharaon était de maintenir le maät (ordre cosmique), et beaucoup se faisaient représenter en tenant dans leurs mains une petite statue du maät qu'ils offraient aux dieux en signe de leur réussite dans cette tâche (ou du moins de leur bonne intention à cet égard). C'est le pharaon ou son représentant qui était chargé de la vie et prescrivait le rituel quotidien des divinités selon le principe du maät.

Dans l'Empire du Milieu

Le Maât fait également partie des valeurs pharaoniques à partir du Moyen Empire. Le pharaon devait défendre la justice et l'ordre contre l'injustice et le chaos des pays situés au-delà des frontières de l'Égypte ancienne. Ce concept est apparu au cours de la première période intermédiaire, lorsqu'il est devenu évident pour les nomarques qu'eux seuls pouvaient maintenir l'ordre et la loi dans leur nome. Les pharaons du Moyen Empire ajouteront à cela l'idée que l'ordre et la loi doivent être maintenus non seulement dans un nome particulier, mais dans toute la Haute et la Basse Égypte, et que le pharaon en est responsable. A cela s'ajoute le fait que le pharaon découvre à travers la déesse Maät ce qui est juste et ce qui ne l'est pas.

Le roi n'est plus un dieu lui-même ou le fils d'un dieu comme dans l'Ancien Empire, mais plutôt l'intermédiaire entre Maät et le peuple. D'ailleurs, les dieux aussi devaient se soumettre à Maät et n'étaient pas autorisés à franchir les frontières de Maät. Pour connaître la volonté des dieux - et donc de Maät - des prêtres étaient nommés pour assurer le service des dieux à la place du pharaon. Pendant ce temps, le pharaon devait s'assurer que l'ordre était maintenu. Les dieux travaillaient ensemble de manière constellative pour maintenir l'ordre, et cette coopération se reflétait dans la collaboration du pharaon avec les prêtres. Chacun formait un tout dans la constellation de l'Égypte ancienne.

Nouvel Empire

Cela change avec la dynastie 18e qui introduit une "Nouvelle Théologie du Soleil", qui n'est plus basée sur une image constellative, mais sur la "volonté du dieu". La justice connective, basée sur la solidarité, que Maät défendait auparavant, prend maintenant comme interprétation "la volonté du dieu". Le dieu peut maintenant intervenir personnellement pour faire ce qui est juste, et chaque personne peut atteindre le dieu par sa piété personnelle, en se comportant de manière juste. Lors de la fête d'Opet, qui célébrait la relation du pharaon avec son père divin Amon, pour Amon quittant son temple de Karnak dans une barque pour visiter celui de Louxor, les questions des Égyptiens ordinaires étaient soumises à la divinité lors des haltes dans les "chapelles". Les prêtres d'Amon ont gagné en influence grâce à ces oracles et le pharaon a ainsi perdu une partie de son ancien pouvoir. Amenhotep IV, voulant exploiter cette évolution, changea son nom en Akhnaton et fit d'Aton, une divinité sans autre manifestation que le disque solaire, le dieu principal du panthéon égyptien, et les services aux autres dieux devinrent subordonnés à ceux d'Aton. Le seul qui pouvait connaître la volonté d'Aton était le pharaon, et par conséquent Akhnaton a retrouvé le monopole pharaonique de la théologie. Les puissants prêtres d'Amon ne l'ont pas remercié, car ils ont vu leur pouvoir diminuer, et ils ont donc effacé toute trace des derniers rois de la dynastie 18e . Ce faisant, les prêtres d'Amon ont assuré leur monopole sur la théologie et donc sur les processus de pensée des Égyptiens ordinaires. Au cours de la période tardive, les prêtres d'Amon ont même régné sur une grande partie de l'Égypte et la fonction héréditaire est devenue presque dynastique. Le remplacement de ces prêtres Amon par des femmes-dieux a finalement empêché l'établissement d'une nouvelle dynastie de prêtres, puisque les femmes-dieux, contrairement aux prêtres, n'étaient pas autorisées à avoir des enfants. La déesse a adopté son successeur. Cela permettait à un nouveau souverain de faire de l'une de ses parentes une déesse. Ils gouvernaient nominalement la région thébaine.

Rôle dans la mythologie

Comme le dieu Thot, Maät a joué un rôle important dans la mythologie de Memphis, Héliopolis et Thèbes. Toutefois, ils ne sont pas devenus des "parents de sang" proches. Ils restaient un peu à l'écart des arbres généalogiques des dieux dressés par les prêtres sur place. Contrairement à Thot, Maät a été conservé plutôt comme un concept abstrait.

Attributs et symbolisme

Le symbole et l'attribut principal de Maät est la plume d'autruche, qu'elle porte généralement en bandeau sur la tête et parfois dans la main, la plume écrivant son nom. Elle est généralement représentée assise (dans l'Égypte ancienne et encore aujourd'hui, *être assis* signifie *avoir du pouvoir*). Dans une main, elle tient le sceptre et dans l'autre l'ancre, signe de vie. Dans de nombreuses représentations, Maät porte des ailes, chacune attachée à un bras, qu'elle déploie ensuite souvent, à la manière d'Isis. Parfois, elle est aussi représentée comme une femme avec une plume d'autruche à la place de la tête. Le symbolisme et l'association avec la plume d'autruche n'ont pas été expliqués jusqu'à présent, mais remontent certainement à la [[5e dynastie d'Égypte]].

Relation avec les autres dieux

S'il n'y a pratiquement pas de mythes sur la déesse Maät - car elle est toujours restée beaucoup plus le concept abstrait qu'elle représente -, les représentations le sont d'autant plus. Elle apparaît sur la plupart des vignettes du Livre des morts, ainsi que sur des peintures murales et des reliefs d'Abou Simbel à la Vallée des Rois. Parfois, elle porte la plume - par laquelle on peut toujours la reconnaître - non pas sur sa tête mais dans sa main.

Elle est si étroitement associée à Thot qu'elle peut en fait être considérée comme l'opposé féminin de cette divinité. Elle était aux côtés de Thot dans la barque de Rê lorsque le dieu du soleil s'est élevé pour la première fois au-dessus des eaux de l'espace primordial de Noen.

Association avec la vie après la mort

Les anciens Égyptiens avaient des conceptions différentes de la vie après la mort. L'un d'eux affirmait qu'après leur mort, Maät pèserait leur cœur sur une balance avec une plume d'autruche (qui incarne la vérité) comme contrepoids. Si le cœur était plus léger que la plume, le défunt était autorisé à se rendre dans les champs d'Iahru. Si le cœur était plus lourd, le défunt était dévoré par Ammit, la personnification de la rétribution divine pour tous les péchés.

La balance du jugement

La balance de jugement est constituée d'une colonne verticale montée sur une douille et d'une épingle en forme de plume d'autruche fixée au sommet. La plume symbolise Maät. À cette broche, qui est attachée à une corde, est suspendu le fléau de la balance avec deux bols plats qui y sont attachés par deux cordes. Dans le bol de droite se trouve la plume de Maät, ou est représentée la déesse assise, et dans le bol de gauche, le cœur du défunt est pesé. Au sommet du support, on voit d'abord la tête de la déesse Maät, ou la tête d'Anpu (Anubis), ou encore celle d'un ibis, symbole de Thot, et ensuite la figure d'un babouin, animal associé à Thot et portant parfois son nom.

Le Conseil du Maät

La salle dans laquelle Maät s'asseyait sous sa double forme pour y entendre la confession des morts est souvent décrite en relation avec le chapitre CXXV du *Livre des Morts*. C'était une salle très spacieuse avec une charpente composée d'uraei et de plumes du maät symbolique. Au centre se trouve une divinité dont les deux mains sont étendues au-dessus d'un lac sacré, et à chaque extrémité de la salle est assis un babouin (dieu-singe Hapy) devant une paire de bols. La porte arrière par laquelle le défunt est entré était gardée par Anubis. Les deux montants de la porte portaient un nom qui devait être connu à l'avance par le défunt. Dans la *salle du Maät*, comme on l'appelait aussi, les 42 juges étaient assis en deux rangées, chacune d'un côté de la salle. Ils étaient appelés le *Conseil de Maät*.

La confession négative

Pour chacun d'entre eux, le défunt devait prêter le serment solennel qu'il *n'avait pas* commis de violation particulière des lois. C'est ce qu'on appelle la **confession négative**. Les noms des juges sont mentionnés dans le *papyrus de Nebseni* (Brit. Mus. No. 9,900, feuille 30). Après la *confession négative,* le défunt s'est tourné vers les juges assemblés avec une énumération de ses bonnes actions. Devant Osiris, auquel il s'adresse comme *"le Seigneur de la couronne Atef"*, il déclare qu'il a suivi le maät et s'est purifié avec le maät, et qu'aucun de ses membres ne manque de maät. Il dit être allé au *"Champ des sauterelles"* et s'être baigné *dans le bain dans lequel se sont baignés les marins de Râ*, et décrit tout ce qu'il a fait, comme trouver un sceptre de silex dans *"le For de Maät"*.

Pour retrouver le bon chemin vers la sortie de la salle après une évaluation réussie, le défunt devait connaître les noms magiques de la porte qui menait aux régions des bienheureux.

Relation avec la justice

Hagen en rend compte : *Le Maät enseigne que la loi doit être prononcée indépendamment du pouvoir. En Europe, la déesse a survécu dans la figure de la Justice, qui est devenue un troisième pouvoir aux côtés du gouvernement et du parlement dans les démocraties occidentales.*

Cult

Un petit temple de Maätt avait été construit dans le temple de Mentut à Karnak, mais de tels sanctuaires destinés au culte officiel de cette déesse sont peu courants. Elle est cependant généralement représentée dans des temples dédiés à d'autres dieux. Le titre de "prêtre de Maät" était attribué honoris causa à ceux qui exerçaient la fonction de magistrat ou rendaient des décisions juridiques en son nom. Ils portaient souvent une petite image en or de la déesse en signe de leur autorité légale.

Théologiquement, le principal signe du culte de la déesse consistait en une offrande rituelle par le pharaon d'une petite image de Maät qu'il tenait dans sa main et offrait aux dieux. Dans les temples du Nouvel Empire, cela se faisait principalement devant Amon, Rê et Ptah.

Maät, contrairement aux autres divinités, n'était pas "corruptible", c'est-à-dire que le principe du *"do ut des"* ne s'appliquait pas à elle. Soit on agissait selon ses directives, soit on s'y opposait, et on en subissait les conséquences. Mais on ne pouvait pas demander son aide ou sa médiation, comme c'était possible avec les autres dieux, et les prières d'action de grâce ou de supplication et les sacrifices étaient inutiles.

Pourtant, certaines sources font état de l'ingestion d'une boisson sacramentelle, semblable au soma indien ou au haoma persan, qui conférait une pureté rituelle à ceux qui observaient la loi du Maât. Les écrivains égyptiens du [[3e millénaire avant J.-C.]] ont écrit : *Mes parties intérieures sont lavées dans le liquide du Maât.*

Les prêtres égyptiens se passaient une plume de Maât, trempée dans un liquide vert, sur la langue pour donner à leurs paroles la force de la vérité.

Comparaison avec d'autres cultures

En dehors d'une possible similitude ou relation avec Moet et avec le nom Metet, la barque matinale du dieu soleil, (traduit par *devenir plus fort*) par lequel elle était parfois prise pour une déesse de la naissance et correspondait à la déesse romaine Mater Matuta, il existe des concepts ou déesses similaires ou apparentés dans d'autres cultures. Par exemple, les Hittites appelaient la Syrie du Nord Mat Hatti (*Mère Hatti*). En tant que législateur de l'Égypte ancienne, Maât correspondait à Tiamat de Babylone, qui a remis les tablettes sacrées au premier roi des dieux. À cet égard, le Maât avait une fonction similaire à celle du Me de Mésopotamie.

Les pygmées africains connaissent encore Maât par le nom qu'elle portait à Sumer comme *matrice* et *monde souterrain* : Matu. Elle a été la première mère de Dieu. Comme sa "sœur" égyptienne, elle avait parfois une tête de chat.

En Inde, le concept de *maät* semble être très proche de celui de dharma : l'ordre naturel à maintenir.

Mut

Également orthographié Maut.

Déesse mère à tête de vautour, épouse du grand dieu Amon et mère de Khons.

Les Grecs identifiaient Mut à leur déesse Hera.

Moet ou **Mout de Thèbes** est une déesse de la mythologie égyptienne. Ses origines sont encore très obscures car il n'existe aucun texte à son sujet avant le Moyen Empire. Elle a probablement repris le rôle d'Amaunet. Amaunet était la déesse originelle qui se tenait à côté d'Amon. Il existe deux théories qui cherchent à expliquer la genèse de Moet. Soit la déesse a été conçue comme une épouse pour Amon, soit elle était un dieu local insignifiant et son culte augmentait. Elle était identifiée à la reine et au Nouvel Empire, les reines portaient une coiffe de vautour. Elle était également associée à Bastet et à Râ, avec qui elle partageait un arbre sacré. La déesse ne jouait que peu ou pas de rôle dans les mythes religieux et son influence ne s'exerçait que sur le monde humain. Avec Chonsoe et Amon, elle forme la triade de Thèbes.

Apparition

La déesse était initialement représentée comme une déesse lionne, mais sa véritable apparence était humaine. C'est dans cette manifestation qu'elle était le plus vénérée. Elle portait un chapeau de vautour avec une double couronne avec un cobra Uraeus et un bâton de papyrus. Ses vêtements étaient généralement légèrement colorés en bleu et rouge et décorés de plumes. En tant que déesse lionne, elle portait un disque solaire sur la tête avec un Uraeus et un bâton de papyrus et était donc le pendant méridional de Sekhmet. Ainsi, la terre a été équilibrée.

Plus tard, Moet a été représenté comme une femme aux ailes saillantes (comme celles d'un insecte), avec trois têtes et un phallus. Cette forme était censée représenter sa nature agressive dans laquelle elle était "plus puissante que les dieux". Les représentations de la déesse avec une tête de chat étaient courantes.

Cult

Au Moyen Empire, il existe un texte où Moet est appelée la "maîtresse de Megeb", un lieu situé près du 10e nome de Haute-Égypte (Qaw el-Kebir). Elle avait également sa place dans les temples d'Héliopolis et de Gizeh, ainsi que dans un grand temple à Tanis, en contrepoint de Thèbes. Elle était souvent vénérée dans tout le pays aux côtés d'Amon et de Chonsoe, mais son culte restait libre. Son principal centre de culte se trouvait dans l'Isheroe, le temple de Moet à Karnak. Elle était une déesse politique importante au Nouvel Empire et ensuite jusqu'à la période ptolémaïque incluse.

Cette déesse partageait avec Amon une fête religieuse, la fête d'Opet, où elle avait sa propre écorce. Mais elle avait aussi son propre festival : "le festival de la navigation de Moet" qui se tenait sur le lac sacré. De plus, elle a joué un rôle dans le festival : " le renversement d'Apophis " où elle a montré sa nature agressive et protégé le dieu du soleil. On dit aussi qu'elle avait son propre oracle, qui résolvait toutes sortes de problèmes.

Neith

Également orthographié Net ou Nit.

Déesse de la création, de la sagesse et de la guerre, parfois considérée comme la mère du grand dieu du soleil, Rê, et associée à Thot, le dieu de l'apprentissage et de l'intelligence.

Les Grecs identifiaient Neith à leur déesse Athéna.

Neith était une ancienne déesse égyptienne d'avant les dynasties, déesse protectrice de la ville de Saïs et d'Esna. Déesse mère, elle est parfois considérée comme la créatrice du monde et est alors assimilée à la vache qui a donné naissance au démiurge. Elle était la protectrice des tisserands et des chasseurs. Elle était également associée à la guerre. Son nom signifie littéralement *"tisseuse"* et, grâce au tissage, elle a également été associée à la formulation de la science rationnelle. (Le mot "texte" vient également de *textura*, qui signifie tissu).

Neith est représentée avec des traits masculins et féminins. Elle portait la couronne rouge de la basse Egypte. Elle était la mère du dieu crocodile Sobek et était parfois considérée comme l'épouse de Chnoem.

Neith était également l'une des déesses protectrices des canopes. Elle partageait cette fonction avec Isis, Nephtys, Selket et les quatre fils d'Horus, mais elle-même était principalement associée à l'estomac qu'elle protégeait avec Doeamoetef.

Neith était également appelée Anatha, Ath-enna, Athene, Medusa. Son nom, selon les Égyptiens, avait pour signification "*Je suis sorti de moi-même*". Elle était la Noen primordiale d'où le soleil a émergé pour la première fois ou "*La vache qui a donné naissance à Râ*". Elle était l'esprit derrière le voile, qu'aucun mortel ne pouvait voir directement. Elle s'est appelée "*tout ce qui était, est et sera*". Son symbole était porté comme un totem par un clan préhistorique et son nom par les deux reines de la première dynastie.

Les Grecs la connaissaient sous le nom de Nete, l'une des trois muses de Delphes.

Dans la Bible hébraïque, elle est appelée Asenath (Isis-Neith), "la grande déesse de la ville d'Aun" inventée par *On*. Son grand prêtre Potiphar a été déclaré son "père" et Joseph son mari.

Nekhbet

Également orthographié Nekhebet ou Nechbet.

La déesse couronnée de la Haute-Égypte et patronne de l'accouchement.

Nechbet ou **Nekhbet** (*Nḫbt*), également orthographiée "Nechebit", était la déesse probablement la plus ancienne de la mythologie égyptienne, initialement adorée localement à l'époque pré-dynastique (vers 4000-3300 av. J.-C.) à Necheb (site actuel d'El-Kab situé à 80 km au sud de Louxor), capitale du troisième Nomos, dont elle était la déesse protectrice et dans lequel se trouvait également le plus ancien oracle. Son nom signifie "*celui de Necheb*".

Elle était la déesse vautour qui représentait finalement le sud (Haute-Égypte) et dont le symbole ornait le front du pharaon à partir de l'unification avec le nord (Basse-Égypte) avec l'uraeus du Wadjet qui y était vénéré. Ces deux déesses, appelées ensemble les Deux Femmes, constituaient également le préambule de l'un des cinq noms du pharaon : le nom nebty ou hiéroglyphe pour " [celui] des Deux Dirigeants... ".

Depuis au moins l'Ancien Empire, un lien étroit avec la royauté s'est développé et Nechbet était associée à la Couronne blanche en tant que déesse de la couronne. Dans les textes pyramidaux, elle est dépeinte comme une déesse mère dont la représentation prend la forme d'une grande vache blanche. Les Grecs l'assimilaient à Eileithyia.

Nom et épithète

Nechbet n'est en fait pas un nom mais une référence : "Celle de Necheb". La déesse mère en question était aussi appelée "le Secret". En outre, ces épithètes ont été retrouvées dans un certain nombre de papyrus :

- Le Blanc de Nechen
- L'argent
- Dame de la Grande Maison
- Archi-conciliateur (indiquant les peuples qu'elle unit)
- Grande Vache Sauvage/ résidant à Necheb (Textes des Pyramides 729a, 911 et 1566a).

Nebet-Schemau (*Nbt-Šmˁw*) était le titre de la *Dame de Haute-Égypte*.

Son signe astrologique était *Hurlet*, avec lequel elle était également assimilée à Neith. Les Grecs l'ont assimilée à Eileithyia lorsqu'ils ont trouvé des images où elle nourrit et protège l'enfant divin Pharaon. En raison de son lien étroit avec la Lune, elle a aussi été historiquement assimilée à Séléné.

Image et attributs

Nechbet, surtout au début de son culte, était représentée sous la forme d'un vautour, puis portait l'anneau shen, un symbole d'éternité adopté plus tard par un certain nombre d'autres dieux.

Alan Gardiner a identifié le vautour utilisé dans l'iconographie religieuse comme étant du type vautour griffon (en anglais *Griffion vulture, suggérant* un lien avec le griffon ultérieur). Après avoir été liée à la déesse Cobra, elle a également été représentée comme un serpent, mais a ensuite porté la couronne blanche pour plus de clarté. Avec ses ailes déployées, elle représente, en tant que serpent, la protection de la royauté. Les deux serpents attachés au symbole du soleil ailé sont aussi parfois considérés comme représentant Nechbet et Wadjet.

Sous une forme anthropomorphique, la déesse était représentée comme une femme avec un capuchon de vautour sur la tête, peut-être aussi la couronne blanche, et des ailes.

À l'époque du Nouvel Empire, le vautour apparaît à côté de l'uræus sur le vêtement de tête avec lequel les pharaons décédés étaient enterrés. Traditionnellement, cela rappelait les deux déesses de la terre Wadjet et Nechbet, mais selon Edna R. Russmann, dans ce contexte plus récent, il faut plutôt penser à Isis et Nephtys, deux déesses qui ont depuis été associées aux rites funéraires.

Habituellement, Nechbet était suspendue sous la forme d'un vautour aux ailes déployées, peint sur le plafond des temples et au-dessus de l'image du ou des rois, avec un anneau shen dans ses serres (symbolisant l'infini ou le "tout" ou "tout"). En tant que déesse protectrice du pharaon, elle était également considérée comme l'aspect divin du souverain. C'est à ce titre qu'elle était la *Mère des Mères*, et qu'elle était assimilée à la *Grande Vache Blanche de Necheb*.

Dans certains textes du Livre des morts égyptien, Nechbet est appelée "Père des pères, mère des mères, qui a existé dès le début et a créé ce monde".

Cult

Dans l'Égypte pré-dynastique, le mot pour "vautour" était *Mout*, ce qui est conservé dans le nom de la déesse Mout de Thèbes. Les prêtresses de la déesse Nechbet étaient appelées "muu" (mères) et accomplissaient leurs rituels dans des robes faites de plumes de vautour égyptien.

À Necheb, à l'origine une *nécropole* ou ville des morts, le plus ancien oracle d'Égypte se trouvait dans le sanctuaire de Nechbet, la déesse mère de Necheb. La nécropole a formé, vers la fin de la période proto-dynastique (vers 3200-3100 av. J.-C.) et probablement aussi au début de la période dynastique (vers 3100-2686 av. J.-C.), l'équivalent de Nechen, la capitale politico-religieuse de la Haute-Égypte. L'établissement initial sur le site de Nechen date de Naqada I ou de la fin de la culture Badari. La ville comptait au moins 5 000 habitants à son apogée, vers 3400 avant J.-C., peut-être le double.

Au fur et à mesure que le site de culte gagnait en importance, la déesse mère devenant la déesse de la terre de toute la Haute-Égypte, des sanctuaires qui lui sont dédiés sont apparus dans de nombreux autres endroits et des temples lui ont été construits.

Selon Wilkinson, le centre de culte de Nechbet possédait un temple-sanctuaire remarquablement grand à El Kab, bien qu'il en reste peu de choses aujourd'hui. On n'a rien trouvé des sanctuaires qui s'y trouvaient sans doute dans les temps les plus anciens, mais des ruines datant de la période dynastique ultérieure. Il ne reste que des traces du Moyen Empire et du Nouvel Empire.

Après que Nechbet soit devenue la déesse protectrice de la Haute-Égypte, il était logique que, lorsque les deux pays ont été unis, elle et son équivalent de Basse-Égypte, Wadjet, forment le couple appelé les Deux Femmes.

A l'origine, Nechbet était fortement apparenté à Moet et Tefnoet. Le dieu du matin Hapi lui fut attribué comme époux et le nénuphar, emblème de la Haute-Égypte, comme plante.

Nephthys

Nephtys n'est pas seulement une déesse de la mort, de la décomposition et des ténèbres, mais aussi une magicienne dotée de grands pouvoirs de guérison.

Nephtys est la forme grecque de Nebt-het ou Nebhet, qui signifie "dame de la maison".

Nephtys (grec), **Nebthet** ou **Nebet-het** (égyptien signifiant " dame de la maison ") est la déesse des enfers et de la naissance dans la mythologie égyptienne. Elle est la fille du ciel et de la terre, et la sœur d'Isis. Elle est souvent représentée avec ce dernier. Nephtys était représentée dans une robe semblable à une robe de mort, et son attribut est le faucon. Elle a épousé son frère, Seth, avec qui elle a eu un fils, Anubis.

Bien que Nephtys ait été mariée à l'ennemi de sa sœur et de son autre frère - Isis et Osiris - elle a aidé Isis, ainsi que sa fille Anubis, lorsque Seth a tué Osiris et l'a dispersé en morceaux dans toute l'Égypte. Avec son mari et d'autres dieux, elle appartenait à l'Ennéade d'Héliopolis.

Elle était également l'une des déesses protectrices des canopes. Elle partageait cette fonction avec Isis, Neith et Selket. Elle protégeait le dieu Hapy, l'un des quatre fils d'Horus, qui protégeait les poumons des défunts.

Nut

La déesse du ciel et la compagne du dieu de la terre Geb, son frère jumeau.

Les Grecs identifiaient Nut à la Titane Rhéa, la mère de leurs dieux.

Noet était la déesse du ciel dans la mythologie égyptienne. Shu et Tefnut étaient son frère et sa soeur. Elle était mariée à son frère Geb, le dieu de la terre, et a eu quatre enfants : Osiris, Isis, Seth, Nephtys . Elle et tous ces gens appartenaient à l'Ennéade d'Héliopolis.

Noet était représentée comme une femme penchée sur la terre, mais elle pouvait aussi être représentée comme une vache. Dans ce contexte, il convient également de mentionner la *vache* dite *du Livre du Ciel*. Elle symbolisait l'espace à travers lequel le dieu du soleil se déplaçait. Pendant la journée, il naviguait sur son ventre et chaque soir, Noet avalait alors le soleil, rendant la nuit noire. Le soleil est alors resté en elle la nuit et est né de son ventre le jour suivant.

L'image de Noet est courante sur les monuments, notamment dans la Vallée des Rois.

Outre le concept de déesses qui ont engendré ("*porté*") d'autres divinités spécifiques, il existe également l'idée d'une "*Mère des dieux qui a engendré tous les dieux*". Ainsi, la déesse Noet, qui, selon les textes des pyramides, a donné naissance au soleil et, selon les textes des sarcophages, à la lune, porte souvent l'épithète de "*celle qui a porté les dieux*". Cela fait référence aux corps célestes que la déesse du ciel "porte" et "avale" quotidiennement (une idée qui conduit à la représentation de Noet comme une "truie céleste").Noet ou Nuit contraste mythologiquement avec les divinités vénérées plus tard où un "père céleste" joue toujours un rôle.

Renpit

Une déesse qui personnifie le passage de l'année et, par conséquent, la mesure du temps.

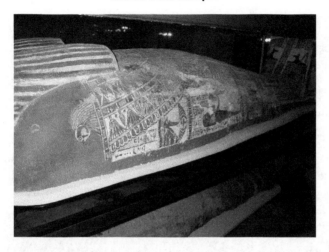

Renpit est une déesse de la mythologie égyptienne qui personnifiait l'éternité mais aussi l'ère divine et royale. Son nom est dérivé du hiéroglyphe *Renep* (code M4 de la liste Gardiner).

Image

La déesse est représentée agenouillée entre deux branches de palmier dentelées. Au bas des branches de palmiers, on voit souvent un shenring et deux cobras. Le shenring représente l'éternité et le cobra le million.

Rôle religieux

Elle était associée au dieu primordial Thot de Memphis, ainsi qu'au dieu Hoe. Cette iconographie symbolise le concept de "temps".

Sekhmet

La déesse du feu (ou du soleil) à tête de lion, associée à la guerre, à la peste et aux flammes.

Sechmet (*la Puissante*), également **Sekhmet**, **Sakhmet**, **Moet-Sechmet** ou **Hathor-Sechmet**, est une déesse de la mythologie égyptienne, également appelée l'**Œil de Rê**. Elle est l'épouse de Ptah, et par certains, elle était considérée comme la mère de Nefertem. Sechmet avait une tête de lion et était la déesse du châtiment, de la maladie et des lionnes. Aux yeux des Égyptiens, c'était une déesse très puissante. Sechmet symbolisait le pouvoir destructeur du soleil. Son culte s'est déroulé principalement à Memphis.

Sechmet est la forme destructive de la déesse Hathor ou Moet, et la fille de Rê. Dans la mythologie égyptienne, le dieu du soleil Râ était le premier pharaon, mais avec le temps, son corps humain a vieilli et le peuple l'a chassé. Il a alors envoyé Hathor sous la forme de Sekhmet sur terre, où la déesse a déversé sa soif de sang sur les humains. Finalement, les dieux lui ont fait boire un lac de bière, que Sekhmet a pris pour du sang, afin d'arrêter le massacre.

Au fil du temps, les Égyptiens ont vénéré Hathor et Sekhmet comme deux divinités différentes, alors qu'elles étaient à l'origine des aspects de la même divinité. Sekhmet pouvait provoquer des maladies, mais était aussi souvent invoquée pour les guérir. Sous sa forme de guérison, elle était aussi connue sous le nom de Werethekau.

Selket

Également orthographié Selkit, Serqet, Selqet, Selquet, et Selkis.

Déesse à tête de scorpion, protectrice du jeune dieu Horus et compagne dévouée de sa mère, la déesse Isis.

Dans l'Égypte ancienne, **Selket** était une déesse bénigne représentée comme une femme avec une tête de scorpion ou un scorpion avec une tête de femme. Elle est parfois représentée sans queue.

Elle protégeait les habitants de la terre des morsures venimeuses et, avec les autres déesses protectrices Isis, Neith et Nephtys et les quatre fils d'Horus, veillait sur les canopes contenant les entrailles des défunts.

Ses prêtresses étaient spécialisées dans le traitement des piqûres d'insectes et de scorpions. Leur traitement comprenait des aspects magiques et médicaux.

Définir

Dans la mythologie égyptienne, le dieu **Seth** était le frère d'Osiris. Il tua son frère et découpa son corps en morceaux qu'il dispersa dans tous les nomen (régions) d'Égypte. Isis a cherché à reconstituer les parties du corps mais n'a pas trouvé les parties génitales d'Osiris ; celles-ci avaient été avalées par un poisson. Elle a recréé les organes génitaux à partir d'argile et, grâce à son habileté et à la magie de Thot, elle a réussi à tomber enceinte. De cela, son fils Horus est né. Celui-ci s'est battu avec Seth et l'a vaincu. Seth, comme sa femme Nephtys, appartient à l'Ennéade d'Héliopolis.

Seth était considéré comme le dieu du désert, du chaos, de la stérilité, de la poussière et de la terre stérile et comme un ennemi de l'homme. Il est représenté comme un homme avec une tête d'animal. On ne sait pas quel animal a servi de modèle, mais il a été suggéré qu'il pouvait s'agir d'une musaraigne sauteuse ou d'un oryctérope. Des cochons et des ânes lui étaient dédiés et jouaient également un rôle dans son culte. L'aversion pour les porcs dans les religions ultérieures pourrait bien y être pour quelque chose.

Cependant, Seth est également considéré dans certains mythes comme le dieu qui protège Rê du démon serpent Apophis chaque nuit lorsqu'il traverse les enfers avec sa barque solaire. Ce voyage était l'explication des anciens Égyptiens pour le coucher et le lever du soleil.

Il est possible qu'à l'époque prédynastique, une bataille ait eu lieu entre les disciples de Seth et d'Horus et que ces derniers aient soumis les premiers. Le mythe de la bataille entre Horus et Seth pourrait y faire référence. Dans la deuxième dynastie, il y a un roi (Peribsen) qui - contrairement à tous les autres rois - a écrit son nom avec un animal Seth au-dessus, au lieu d'un faucon Horus. Son successeur fut appelé Chasechemoey (les *deux pouvoirs satisfaits*). Il a écrit son nom avec les deux animaux au-dessus. Il est possible que cela reflète une résurgence de l'antagonisme entre les partisans de Seth et d'Horus, qui a été supprimé par Chasechemoey.

Seth était largement vénéré, entre autres, dans le nord-est du delta du Nil, une région où les contacts avec les peuples voisins étaient nombreux. À l'époque des Hyksos, ces souverains asiatiques soutenaient le culte de Seth et c'est en partie pour cette raison que son culte a été plus ou moins enfoui à l'époque de la Renaissance saïtienne. A cette époque, Seth était de plus en plus considéré comme le dieu du mal -une sorte de diable-. Au cours du millénaire entre les Hyksos et les Saïs, cependant, ce ne fut certainement pas toujours le cas. Par exemple, à l'époque des Ramessides, Seth était le dieu patron de la famille royale et un certain nombre de pharaons portaient le nom de cette divinité controversée, notamment le père de Ramsès II, Sethi I, mais aussi le pharaon Sethnacht.

Tefnut

La déesse de l'humidité et des précipitations

Tefnoet ou **Tefnut** était la déesse de l'humidité dans la mythologie égyptienne. Elle descendait d'Atum.

Mythologie

Selon la théologie héliopolitaine, Tefnout ou Tefnout était la fille de Rê et la sœur-épouse de Shou, mais elle est une divinité quelque peu mystérieuse. Elle a créé l'eau claire pour le roi défunt à partir de son vagin mais son identité est ailleurs. Sa première apparition dans les textes de l'Égypte ancienne se situe dans les textes des pyramides, où elle représente l'atmosphère du monde inférieur tandis que Shou représente le monde suprême. Selon une autre histoire, Shu et Tefnout auraient pris naissance sous la forme de deux lions. Ainsi, Tefnoet est devenu l'Oeil de Râ.

Culte

Le centre de culte de Tefnoet se trouvait à Héliopolis, où elle avait un sanctuaire avec l'Ennéade, et à Léontopolis dans le Delta. Là, elle était vénérée avec son frère et son mari sous la forme de deux lions. Les amulettes de Tefnoet sont connues dans la période tardive mais vraiment populaires, elles étaient surtout locales.

Image

Tefnout était généralement représenté en image humaine, souvent avec une tête de lionne. De forme humaine, elle portait un disque solaire et un uræus sur la tête. La déesse pouvait également être représentée sous la forme d'un serpent enroulé autour d'un sceptre, et parfois sous la forme d'un serpent à tête de lionne.

Dieux aux formes masculines et féminines

Anubis

Le dieu de l'embaumement à tête de chacal qui guidait les âmes des morts dans le royaume souterrain de son père, Osiris.

Bien que le nom du dieu soit traduit dans les textes par Anubis, il s'agit en fait de la forme grecque du nom égyptien Anpu. Les Grecs et les Romains ont poursuivi le culte du dieu à l'époque classique. Un votif lui a été consacré à Rome, et les écrivains latins Plutarque et Apulée le mentionnent dans leurs œuvres.

Anubis (grec : Ἄνουβις ; égyptien : ỉnpw) est un dieu de la mythologie égyptienne. Il était représenté comme un chacal ou comme un humain avec une tête de chacal. Le chacal est un charognard, et l'association avec cet animal aurait probablement plutôt été de protéger les morts de la destruction.

Mythologie

Avant qu'Osiris ne devienne important, Anubis était le principal dieu funéraire. Au début, il ne se mêlait probablement que des enterrements et s'occupait de suivre le roi dans les enfers. Le nom "Anubis (Inpu)" serait lié au mot "fils du roi" dans la même relation qu'Osiris. La tête de chacal a été choisie en raison des chacals qui, dans le désert, creusaient dans les tombes des anciens rois. L'autre dieu chacal était Wepwawet. Dans l'Ancien Empire, des prières étaient inscrites sur les murs des mastabas, et Anubis était très souvent cité dans les textes des pyramides.

Finalement, le culte d'Anubis s'est assimilé à celui d'Osiris, dont on disait qu'il était le père d'Anubis et qu'Anubis l'embaumait. Il existe plusieurs mythes sur sa lignée. Selon un texte, il était le fils de Hesat et de Bastet, d'autres sources disent qu'il était le fils de Seth ou de Rê avec Nephtys (selon une source de Plutarque). Il était le fils illégitime d'Osiris et de Nephtys, la sœur d'Isis. Isis avait découvert qu'Osiris l'avait trompée, mais Nephtys, ne voulant pas de l'enfant par crainte de son consort Seth, l'avait caché. Isis a trouvé Anubis et l'a soigné. Anubis s'assurerait également qu'Osiris revienne à la vie, devenant ainsi la première momie.

La fonction dans la mort d'Anubis est parfaitement reflétée dans les titres qui lui ont été donnés :

- *Prédécesseur des occidentaux*, en raison des tombes sur les rives à l'ouest du Nil ;
- *Seigneur de la terre sainte* : règne sur les déserts ;
- *Celui qui est sur la montagne sainte*, basé sur un chacal sur une montagne qui surveille les choses ;
- *Chef des arcs* : chef des peuples étrangers autour de l'Égypte.

Vénération

Anubis était particulièrement aimé dans le dix-septième nomos de Haute-Égypte, où est également conservé un document intéressant sur la topographie religieuse, le *papyrus Jumilhac*. Anubis était le patron de ce nomos : Cynopolis ou el-Qeis. Sa religion a été adoptée dans tout le pays. Les nombreuses chapelles et images du dieu le prouvent. Anubis est devenu le patron des embaumeurs, et dans la nécropole de Memphite, il a également fait l'objet d'un culte à l'*Anubieion* de Memphis à la période tardive. On a également retrouvé des masques du dieu, que les prêtres portaient lors de l'embaumement du roi. Le dieu avait également un rapport avec la naissance, du moins dans l'Ancien Empire selon la *pierre de Palerme*.

Image

Le dieu Anubis pouvait être représenté de plusieurs façons : comme un homme avec une tête de chacal, comme un chacal (qui devint plus tard un chien chez les Grecs, qui ne voyaient pas la différence) et comme un homme trônant avec un sceptre de cire. Le dieu est souvent représenté dans la *salle de la vérité*, où l'on pèse l'âme du défunt. Il était souvent représenté aux côtés d'Osiris et de Thot. À l'époque gréco-romaine (Alexandrie), il était représenté en armure comme une divinité protégée veillant sur Horus.

Kek

Kek (*mv :* **Kekoe**, *syn :* **Koek** ou **Kekoei**) dans la mythologie égyptienne était le concept de l'obscurité de "l'espace primordial" ou de l'océan primordial.

En tant que concept, Kek était considéré comme un homme et une femme en même temps (androgynie). Pourtant, lui et son homologue féminin **Keket** (également **Kaoeket** ou **Kekoeit**) faisaient partie de l'Ogdoade d'Hermopolis, un groupe de huit dieux primordiaux.

Comme les quatre dieux primordiaux masculins de l'"ogdoah", Kek était également représenté avec une tête de grenouille ou comme une grenouille, tandis que Keket, comme les quatre dieux féminins, est représenté avec une tête de serpent ou comme un serpent.

Symbole déifié des ténèbres, Kek représentait également les ténèbres du savoir, de l'ignorance et du chaos.

Nun

Le chaos aqueux primordial à partir duquel l'univers a été créé.

Noen ou **Nun**, également **Nau**, **Noe** ou **Nu**, était la désignation de l'eau primordiale dans la mythologie égyptienne, avec son homologue féminin **Noenet ou Naunet**. Ensemble, ils formaient le plus important des quatre couples de dieux primitifs de l'ogdoade d'Hermopolis.

Elle a été décrite comme "l'obscurité incommensurable". Dans celle-ci, un éclair est apparu, qui a provoqué la lumière d'où toute vie a pu émerger. Les dieux, eux aussi, n'en sont issus que plus tard.

De l'océan primordial émergea une île, le mont Benben, et sur celle-ci apparut Atoem ou Tem (*le non-être ou le "tout"*). Le monde a été créé par la masturbation du dieu Min.

La régénération n'était pas possible dans le monde défini et ordonné. Cela n'était possible que lorsque ce qui était vieux et usé était plongé dans les régions illimitées entourant le monde créé, à savoir le pouvoir de guérison et de dissolution de l'océan primordial Noen. Ainsi, le dieu du soleil était élevé dans sa barque chaque matin, comme l'illustre le *Livre des Portes*.

Ceux qui ont dormi ont également rajeuni à Noen. Dans un hymne ramesside, des personnes décédées crient au dieu du soleil qu'elles sont aussi rajeunies en descendant dans le Noen. Ils se débarrassent de leur ancienne existence et en revêtent une autre, comme un serpent le fait avec sa peau. Il n'est pas surprenant que l'élément de rajeunissement qui entoure le corps soit représenté par un serpent dans l'*Amdoeat ("Le livre de la chambre secrète")*. Ce processus mystérieux est représenté dans de nombreuses images : le passage rajeunissant du soleil à travers la nuit peut avoir lieu dans le corps de la déesse du ciel ou dans celui d'un crocodile géant.

Outre le concept de déesses qui donnaient naissance à d'autres divinités spécifiques, il y avait aussi l'idée d'une *"Mère des dieux qui donnait naissance à tous les dieux"*. Par exemple, la déesse Noet, qui, selon les textes des pyramides, a donné naissance au soleil et, selon les textes des sarcophages, à la lune, porte souvent l'épithète de *"celle qui a porté les dieux"*. Cela fait référence aux corps célestes que la déesse du ciel "transporte" et "avale" quotidiennement (une idée qui conduit à la représentation de Noet comme une "truie céleste").

Le dieu Noen, surtout à partir du Moyen Empire, reçoit l'épithète équivalente de *"père de tous les dieux"*, qui s'appliquait également à Atum, Geb, Shu et Amon, Ptah et Horus, c'est-à-dire aux dieux de la création. Le Noen était considéré comme l'eau primordiale dans laquelle tous les dieux trouvent leur origine et leur forme divine.

Minor Deities (Male)

Apopis

Également orthographié Apep, Apop, Apophis, ou Aapef.

Un serpent géant, le principal démon de la nuit, et l'ennemi principal du dieu du soleil, Re.

Apophis est le nom grec de l'égyptien Apopis.

Apophis ou **Apepi** est un démon serpent géant dans la mythologie égyptienne. Il est plus connu sous le nom grec d'Apophis. Apophis était considéré comme l'antagoniste des dieux du soleil Aton et Rê, et en tant que tel était un symbole des puissances obscures. Apophis tentait d'avaler le dieu du soleil au lever et au coucher du soleil alors qu'il voyageait dans les enfers la nuit. Si Apophis réussissait, le soleil ne se lèverait plus et le monde deviendrait sans vie. Heureusement, Râ a protégé le dieu du soleil et a expulsé le monstre. Le sang du démon blessé a coloré le ciel en rouge, preuve de la victoire d'Aton.

Le dieu a été vu pour la première fois sur des murs au Moyen Empire. Le dieu était vénéré comme une divinité de la fertilité par certains en période de panique et de pauvreté (lorsque le Nil ne coulait pas). Au Nouvel Empire, cette divinité est le plus souvent représentée sur les murs près des pharaons. Le dieu était généralement connu comme le Dieu du Chaos en Egypte.

Apparition

Apophis est représenté comme un grand serpent qui se tortille. Le fait qu'il se tortille souligne le fait que le serpent est très gros. Différents types de serpents ont servi de modèles à ce dieu. Apophis est toujours représenté dans un état de confusion et en train de se battre avec Râ ou un autre dieu, auquel cas il a plusieurs couteaux dans le corps.

Vénération

L'anti-dieu n'était pas vénéré dans les temples d'une ville, mais était représenté dans des temples, où il était combattu par divers dieux. Le dieu avait son propre livre, le "Livre d'Apophis", qui contenait diverses formules magiques pouvant détruire Apophis.

Il y a aussi un sort dans le Livre des Morts pour combattre ce dieu. A l'époque tardive, les sorts étaient répertoriés dans les temples pour protéger le monde (Egypte).

Apis

Le plus célèbre des taureaux sacrés d'Égypte, considéré comme l'incarnation du dieu Ptah et vénéré comme un dieu au temple de Ptah dans l'ancienne ville de Memphis.

Apis est une divinité égyptienne, représentée comme un taureau avec un disque solaire entre ses cornes.

Au début de l'histoire, le taureau était considéré comme un symbole de fertilité. Les rois de l'Ancien Empire étaient souvent identifiés au taureau et représentés comme tel. Les souverains du Nouvel Empire étaient également souvent surnommés "Taureau fort". Apis est resté une divinité locale tout au long de l'histoire égyptienne. Cependant, cela a changé pendant le règne des Ptolémées. Le culte du taureau Apis devient alors un véritable culte.

Pour choisir un nouveau taureau Apis, les facteurs suivants ont été pris en compte : il devait être raisonnablement jeune (un peu plus âgé qu'un veau), il devait être noir et avoir un triangle blanc sur le front. Si le nouvel Apis était trouvé, il était annoncé publiquement et une grande fête était organisée à Memphis pour célébrer cet heureux événement. Le taureau lui-même n'a rien eu à faire pendant toute sa vie, et a été dûment choyé par ses propres prêtres. Si le taureau meurt, cela est à nouveau annoncé publiquement, et plusieurs jours de deuil national sont annoncés. Le taureau a ensuite été momifié et enterré dans un mausolée où reposaient également ses prédécesseurs, dans la nécropole de Saqqara. Il a ensuite été vénéré par ses propres prêtres de la mort.

Le taureau Saint Apis de Memphis était crédité de plus de traits. Ainsi, il était considéré comme l'incarnation terrestre du dieu Ptah.

Le taureau s'étant lié à Osiris après sa mort, il était également considéré comme un dieu de la mort. C'est ce taureau qui portait sur son dos la momie d'une personne décédée pour l'enterrer.

Métamorphoses

Dans les *Métamorphoses* de l'écrivain romain Ovide, on raconte, à la fin du livre I et au début du livre II, comment Io, l'amante de Jupiter, a dû fuir en Égypte sous la forme d'une vache pour échapper à la colère de Junon, l'épouse de Jupiter. En Égypte, Io redevient humaine et est vénérée comme la déesse Isis. Son fils par Jupiter était Epaphus, ou Apis. Epaphus offensa Phaéton, qui demanda alors à son père Hélios, le Soleil, de conduire son char solaire pendant une journée, avec des conséquences dévastatrices pour la Terre.

Aker

Aker était un dieu égyptien. Le dieu a été inventé à l'époque pré-dynastique comme le dieu Min. Aker n'est pas mentionné dans les textes des pyramides, mais est présent dans les peintures des tombes.

Aker est représenté par deux lions assis se tournant le dos l'un à l'autre. Les autres variantes sont :

- Un pays (ta) avec une tête de lion à la fin
- Un lion avec deux têtes humaines

Rôle du dieu

Le dieu Aker représente les horizons occidentaux et orientaux. Il avait un rôle protecteur ; par exemple, Aker était connu pour amener la barque du dieu du soleil Rê en toute sécurité d'ouest en est pendant la nuit, sans être attaqué par le démon serpent Apophis.Les anciens Égyptiens croyaient que le soleil voyageait la nuit à travers un tunnel dans la terre, un tunnel avec une porte occidentale (où le soleil entrait) et une porte orientale (où il sortait). Ces deux portes étaient respectivement gardées par un dieu lion, qui ensemble formaient Aker. Pharaon pouvait également utiliser ces portes lors de son voyage vers le royaume des morts, qu'Aker ouvrait pour lui lorsqu'il prononçait les bonnes incantations.Comme il personnifiait les horizons, qui étaient les entrées et les sorties du monde souterrain, il jouait un rôle important dans la sphère funéraire. L'image des deux lions est également souvent utilisée à l'entrée des temples et des palais.Outre la représentation par Aker des horizons orientaux et occidentaux, il était également connu pour être capable d'absorber le poison des morsures de serpent, ou de le neutraliser en cas d'ingestion.

Cult

Aker était un dieu qui n'était pas vénéré. Elle n'avait pas de centre de culte, mais était plutôt considérée comme un élément des textes après la mort.

Banebdjedet

Banebdjedet (Banedbdjed), dans la mythologie égyptienne, était l'ancien dieu-bélier vénéré principalement dans le delta du Nil. Banebdjedet signifie "le ba Seigneur de Djedet" (la ville de Mendes). L'onomatopée "*ba*" (esprit ou âme) ressemblant au mot "ba" qui signifie "bélier", le dieu était considéré dans la mythologie comme représentant l'âme d'Osiris. À la Basse Époque, cette association est étendue à quatre manifestations de l'âme, à savoir celles de Rê, Osiris, Shou et Geb - un aspect de la nature de Banebdjedet qui a contribué de manière significative à son importance. En effet, ce sont les quatre premiers dieux qui ont régné sur l'Égypte et pour lesquels on trouve de grands sanctuaires en granit dans le sanctuaire de Banebdjedet. Le dieu équivalent de la Haute-Égypte était Chnoem.

Iconographie et fonction

Le *Livre de la Vache Céleste* donne une description du "*Bélier de Mendès*" comme étant le Ba d'Osiris.Banebdhedet était représenté comme un bélier ou un homme à tête de bélier, ou comme une tête de bélier seule. Des images à quatre têtes ont survécu au Nouvel Empire, deux regardant vers l'avant et deux vers l'arrière, pour exprimer les âmes des quatre dieux qu'il représentait.En tant que dieu bélier, on attribuait également à Banebdhedet de puissants pouvoirs sexuels. C'est en raison des connotations sexuelles du culte que les premiers chrétiens ont diabolisé Banebdjedet.
 Une entrée du papyrus Chester Batty I conservé dans le temple de Ramsès III (Medinet Haboe) traite des "querelles entre Horus et Seth". Dans ce mythe du Nouvel Empire, il y a un débat sur lequel des deux doit recevoir le trône et ici Banebdhedet a joué un rôle important en tant que médiateur pour que les dieux demandent conseil à Neith. Il souhaitait la paix et soutenait que des désastres arriveraient si les dieux négligeaient les ma'at.Mais au fur et à mesure que la discussion avançait, Banebdhedet se montrait de plus en plus fort avec sa préférence pour Seth parce qu'il était réputé être l'aîné.

Dans une chapelle du Ramesseum, une stèle montre comment le dieu Ptah a pris la forme de Banebdjedet, en raison de sa virilité, pour ensuite avoir des rapports sexuels avec la reine Thuja qui donnera naissance à Ramsès II. La stèle est censée confirmer l'origine divine de ce pharaon.

Cult

Le centre du culte de Banebdjedet se trouvait à Mendes (l'actuel Tell el-Rub'a) dans le nord du Delta. Le dieu y était vénéré avec son épouse, la déesse dauphin Hatmehyt, et son fils Harpocrates. Un cimetière avec des sarcophages pour les béliers sacrés du dieu y a été découvert. Mais il y a peu de reliques de son culte. Selon l'écrivain grec Pindarus, le bélier était autorisé à avoir des rapports sexuels avec des femmes pendant les rituels de son culte, mais aucune trace de cela n'existe dans les sources égyptiennes.Dans le Delta, Banebdjedet est resté une divinité importante, mais a été progressivement remplacé par des divinités béliers de Haute-Égypte. Les amulettes à tête de bélier de la période tardive représentent probablement cette divinité, du moins lorsqu'elles illustrent la nature quadruple de la divinité à quatre têtes.

Berry

Un dieu nain bienveillant associé à la naissance des enfants, à la musique et à la danse, à la jovialité, à la joie et au plaisir.

Bès ou **Bisu** (grec ancien Βησάς) est l'un des plus anciens dieux du panthéon de la mythologie égyptienne.

Image et fonction

Berry est dépeint comme un nain peureux avec un visage de lion barbu, un nez plat, une langue saillante, des sourcils grossiers, de grandes oreilles décollées, de longs bras épais, des jambes pliées et une queue. Parfois, il porte une peau de panthère. Sur la tête, il porte une couronne à hauts panaches, qui ressemble beaucoup à la coiffure de la déesse Satet, également membre de la triade divine d'Éléphantine. C'était un dieu associé à la joie et au vin, ainsi qu'à la naissance et à la chasse aux démons et autres ennemis.

Il est le type même de l'homme soudanais heureux et bien fait, qui aime la bonne nourriture et les boissons, s'amuser, faire la fête et se divertir, et qui était toujours prêt à faire l'amour et à combattre ses ennemis.

Origine et culte

Sa forme pygmée et sa coiffure indiquent qu'il s'agit d'une divinité d'origine soudanaise. Il ne fait aucun doute que son culte est très ancien. Habituellement, contrairement à d'autres divinités égyptiennes, il est représenté de face, comme la déesse Qetesh nue, puis apparaît comme un danseur ou un musicien. Il jouait de la lyre et de la harpe, et se produisait probablement comme chanteur tribal. En tant que soldat, il porte une tunique courte avec une ceinture et tient une épée courte dans la main droite et un bouclier dans la main gauche.

Bès n'a jamais été un dieu dont le sacerdoce jouait un rôle majeur, mais il était populaire parmi les gens du peuple, surtout à l'époque tardive. A cette époque, surtout dans les Oasis de l'Ouest, un culte s'est développé autour de Bes. Ce n'est que dans l'oasis de Bahiria qu'un petit temple lui est dédié. Pour les autres, Bès était une divinité patronale populaire fréquemment invoquée. On a trouvé de nombreuses petites amulettes ou figurines de lui. Il était également représenté sur la tête de lit comme un personnage apotropaïque (espiègle). De petites feuilles de papyrus ont également été trouvées avec des sorts qui servaient de prières de tir.

La plus ancienne mention de Bès provient du texte de la Pyramide (§ 1768 c), qui mentionne " la queue de Bès ".

Dans le royaume de Thoutmosis Ier, il est associé à la déesse hippopotame Taweret ou Apet et on les retrouve tous deux dans la chambre d'accouchement où la reine Hatchepsout est sur le point de naître. Mais le nain ou le pygmée a dû être associé à une très ancienne croyance populaire soudanaise. Le roi Assa (Ve dynastie) a envoyé un émissaire de haut rang au "pays des esprits", au Soudan, et il est revenu avec un pygmée qui a dansé pour lui "la danse du dieu". Un autre envoyé, Herkhuf, a également apporté un pygmée à Pepi II à Memphis. Dans les textes des pyramides, trois pharaons sont identifiés avec " le nain de la danse du dieu qui a évité le cœur du dieu ". (§ 1189 a). Comme on le sait, la danse au Soudan et dans d'autres endroits était un acte de dévotion. Thoutmosis III a dansé pour la déesse Hathor.

Sous le Nouvel Empire, les attributs de Bès subissent d'importants changements. Des tatouages de Bès ont été retrouvés sur les cuisses des danseurs, des musiciens et des esclaves.

Le nom de Bès a été transmis en copte sous le nom de BESA. Le pendant féminin de Bes était appelé **Beset** ou **Besit**.

Buchis

Le taureau sacré **Buchis** était un dieu taureau de l'Égypte ancienne. Il était vénéré dans la région de Thèbes.

Mythologie

Le taureau sacré connu des Grecs sous le nom de Buchis qui, en égyptien, devient bakh, ba-akh etc. était vénéré dans la région d'Armant et à Thèbes. Les taureaux étaient enterrés comme des dieux dans un bâtiment, le Bucheion, qui a été découvert en 1927. Depuis le Nouvel Empire, des taureaux y ont été enterrés, jusqu'à l'époque de l'empereur Dioclétien. Le lieu de sépulture des mères des taureaux de Buchis a également été trouvé à Armant. Le culte a duré jusqu'en 400 après J.-C. à l'époque romaine, un écrivain, Macrobius, a décrit le rituel.

Culte

Buchis était associé à Râ et Osiris et certainement à Mentoé, il était vénéré à Thèbes, à Armant et dans d'autres lieux. Il y avait un taureau dans un endroit qui était le dieu sur terre. Il a été représenté sur une statue lorsqu'aucun Buchis n'était disponible. Buchis (comme d'autres dieux taureaux) fournissait un important oracle, mais le dieu était également connu pour ses capacités de guérison, notamment de l'œil.

Image

Selon un auteur antique, Buchis était un animal au corps blanc et à la tête noire, le dieu ne peut être facilement distingué des autres dieux taureaux. Les images sur les amulettes sont difficiles à distinguer s'il s'agit de Buchis, le dieu est connu par une stèle à partir de la 19e dynastie. Mais parfois le dieu a un disque solaire avec deux plumes dessus, cela fait référence à Mentoe.

Geb

Geb (**Seb**, **Keb**) est le dieu de la terre dans la mythologie égyptienne. Selon le récit de la création, il était le fils du dieu du ciel Shu et de la déesse de l'eau Tefnut.

Sa sœur Noet, la déesse du ciel, restait dans ses bras tant qu'il faisait nuit et ils eurent ainsi des enfants : Osiris, Isis, Seth et Nephtys. Il appartenait à l'Ennéade d'Héliopolis.

Il était également un dieu de la fertilité et est généralement représenté en vert et dans un corps humain avec un phallus. Parfois, il portait la couronne rouge, mais généralement il avait une oie sur la tête. On le voit souvent allongé sous sa sœur Noet. Les tremblements de terre lui sont également attribués comme le "rire de Geb".

Geb capturait les âmes mortes des mauvaises personnes afin qu'elles ne puissent pas entrer dans l'au-delà.

Avec Noet, il était le père d'Osiris, d'Isis, de Seth et de Nephtys. Avec Renenutet, il était le père de Nehebkau.

Heh

Dans la mythologie égyptienne, **Heh** (pluriel **Hehoe**) était la personnification de l'informe et de l'infini - généralement dans le sens de l'éternité intemporelle. Heh, ainsi que son homologue féminin **Hehet** (*syn :* **Haoehet** ou **Hehoet**), faisaient partie de l'Ogdoad d'Hermopolis. C'est un groupe de huit dieux primordiaux.

Comme les quatre dieux primordiaux masculins de l'ogdoah, Heh était également représenté avec une tête de grenouille. Il est également souvent représenté sous forme humaine, à genoux, avec une perruque divine et une barbe bouclée, souvent en connotation avec l'or (symbole de l'éternité), et dans ses mains sculptées des nervures de feuilles de palmier (symbole des années) avec un anneau shen en bas de chacune, symbole de l'éternité. Heh était aussi l'égyptien ancien pour "million d'années" ou *éternité*. En outre, le dieu Heh a joué un rôle important dans l'histoire de la création d'Hermopolis Magna.

Sur les insignes du pharaon, elle est représentée comme une amulette. Cela symbolise une longue vie.

Le dieu Heh était agenouillé sur un panier tressé qui représente le signe du tout, de l'universalité et de la domination. Les ancêtres étaient reliés à ses mains ou à ses bras. Heh était associé au mythe de la "vache céleste", qui était soutenue par Shu et huit divinités Heh, deux sur chaque jambe. Heh était également associé à l'écorce céleste du soleil, qu'il élevait au ciel encore et encore après le voyage nocturne du soleil dans les enfers.

En écriture hiéroglyphique, Heh signifie "un million". Ce signe était donc associé à la notion de millions d'années. Et Haoehet était aussi le mot égyptien alternatif pour l'éternité, *djet*.

L'image Heh exprimait le souhait d'une longue vie et figurait souvent sur les amulettes dès l'Ancien Empire. Un certain nombre d'objets de la tombe de Toutânkhamon étaient également décorés de cette manière, ce qui indique que la présence de ce dieu était toujours importante, même dans les croyances du Nouvel Empire.

Le dieu Heh ne doit pas être confondu avec le dieu Hoe.

Khenti-Amentiu

Chentiamentioe ou *Khentia-mentiu* (ou autres orthographes) était un dieu de la mythologie égyptienne. Le nom était également utilisé comme épithète pour Osiris et Anubis.

Signification du nom

Le nom Chentiamentioe signifie "Front des Occidentaux". Sur la partie occidentale du Nil, on enterrait les morts et on les appelait les "Occidentaux". Le titre fait référence au chef des morts.

Au début de la période dynastique, le nom du dieu était écrit avec un hiéroglyphe représentant un chacal. Ceci est considéré comme un élément déterminant pour indiquer la forme du dieu. Terence DuQuesne soutient que le hiéroglyphe avec le chacal représente le nom d'Anubis et que Chentiamentioe était à l'origine une manifestation d'Anubis.

Apparition

Le dieu était représenté comme un chacal.

Vénération

Le dieu avait son centre de culte à Abydos. Son rôle était celui de gardien de la cité des morts. Son culte a été attesté très tôt à Abydos, peut-être même avant l'unification de l'Égypte en 3100 avant Jésus-Christ. Le nom a été trouvé sur une paire de sceaux cylindriques pour les pharaons Hor Den et Qaä. Sur ces cylindres, tous les prédécesseurs sont nommés avec le titre "Horus Chentiamentioe", cela commence par "Horus Chentiamentioe Narmer".

Le temple d'Osiris-Chentiamentioe à Abydos a été construit à l'époque prédynastique et dédié à ce dieu. Toby Wilkinson suggère qu'à cette époque, le nom était lié à Osiris. À partir du Moyen Empire, le temple était dédié au dieu Osiris.

Les fonctions mythologiques de Chentiamentioe, Osiris et Anubis ont été modifiées à la fin de l'Ancien Empire. A l'origine, la formule sacrificielle était dédiée uniquement à Anubis. La formule sacrificielle garantissait que la personne décédée pouvait continuer à participer aux sacrifices. Dans la 5e dynastie égyptienne, plusieurs dieux apparaissent dans la formule sacrificielle, dont Osiris et Chentiamentioe. Après la 5e dynastie d'Égypte, le titre de Chentiamentioe s'est mêlé à celui d'Osiris.

Min

Également appelé Amsu.

Un dieu de la fertilité, de la génération, de la pluie, des bonnes récoltes et de la virilité.

Les Grecs identifiaient Min à leur dieu Pan.

Min était le dieu de la mythologie égyptienne qui agissait principalement comme dieu de la fertilité, mais était aussi le protecteur des routes et des mines du désert oriental.

Min est facilement reconnaissable à son phallus rigide qu'il tient parfois dans sa main gauche. Ceci est lié à son statut de fertilité. Dans sa main droite levée, il tient un fléau, symbole royal de pouvoir. Il est représenté comme un homme momifié et porte une couronne avec deux plumes d'aigle. La couronne est la même que celle d'Amon, c'est pourquoi il a été identifié avec elle à une époque ultérieure.

Au début de la saison, on lui offrait de la laitue vénéneuse (*Lactuca virosa*) dont on disait qu'elle contenait un aphrodisiaque. Ses principaux lieux de culte sont Koptos et Achmim. Ce dernier lieu fut ensuite appelé Panopolis par les Grecs, car ils identifiaient Min au dieu anatolien Pan. Le plus ancien culte qui lui est rendu se trouve probablement dans l'est du pays, près des mines, dont il était également le protecteur.

À Achmin, l'archéologue britannique Flinders Petrie a découvert, au début du XXe siècle, de très grandes statues de Min, datant de 3000 ans avant Jésus-Christ. Elles se trouvent actuellement au British Museum de Londres.

Mnevis

Dans la mythologie égyptienne, **Mnevis était** le nom grec donné à Héliopolis pour **Mer-Wer** (ou dans sa forme la plus ancienne *Nem-Wer*, selon les textes des sarcophages), et était un dieu taureau. Considéré à l'origine comme une divinité indépendante, il a très tôt été incorporé au culte du dieu soleil.

Mythologie

Selon Manéthon, le culte de Mnevis a été introduit à la IIe dynastie égyptienne, mais il ne semble être qu'un "dieu de moindre importance" que "*le taureau d'Héliopolis*" dans les Textes des Pyramides. Progressivement, cependant, Mnevis a été considéré comme le *ba* de Ra et une manifestation de la combinaison Re-Atoem, gagnant ainsi une importance considérable. Selon Plutarque, le taureau Mnevis venait en deuxième position après le taureau Apis de Memphis, mais jouissait du même respect et des mêmes privilèges. Par exemple, il a également accordé des oracles. Les prêtres d'Héliopolis allaient même jusqu'à prétendre que Mnevis était le père d'Apis, pour ajouter à l'importance de son culte. Même si des liens entre Mnevis et Osiris ont été mentionnés (par exemple dans les doubles noms tels que Mnevis-Osiris ou Mnevis-Wennefer), cela n'indique pas nécessairement une relation mythologique, mais plutôt une fusion abstraite (syncrétisme) des divinités solaires et inframondaines.

Image et attributs

Comme pour les autres taureaux sacrés, il n'y avait qu'un seul taureau Mnevis à chaque fois. Le spécimen vivant a été sélectionné sur la base d'un canon fixe de caractéristiques. Par exemple, il devait être uniformément noir. Dans l'iconographie, il est donc représenté en noir et porte généralement un disque solaire et un uræus entre les cornes comme seuls attributs.

La pierre de Rosette indique que Ptolémée V a pris des dispositions pour Apis, Mnevis et d'autres animaux sanctifiés, à une échelle beaucoup plus grande que ne l'avaient jamais fait ses prédécesseurs. Le taureau et le bélier représentaient la force et la fertilité masculine.

Comme pour Apis, il ne fait aucun doute que Mnevis possédait également certaines caractéristiques saillantes que les prêtres examinaient lors de la sélection du spécimen représentant le dieu.

Le taureau du ciel

Sur les vignettes du chapitre 148 du Livre des morts égyptien, le taureau du ciel apparaît comme une créature mythique ou une divinité associée aux cieux et à l'au-delà. Il est donc appelé "*Taureau de l'Ouest*" (là où le soleil se couche). Le taureau était nommé comme l'époux de sept vaches qui étaient habituellement en sa compagnie. Une image est trouvée dans la tombe de Néfertari, de la 19e dynastie égyptienne. Les cornes de ce taureau forment clairement un beau croissant de lune. Les sept vaches du ciel et le taureau noir du ciel sont également représentés sur un papyrus de Nestanebettawy datant de la troisième période intermédiaire (Musée égyptien du Caire).

Le taureau du ciel était également un symbole dans la Perse antique, où il était appelé *lamassu*. Voir aussi l'article Bullman.

Cult

Le culte du taureau de Mnevis a été institué à Héliopolis par Raneb, un pharaon de la 2e dynastie, mais il ne fait aucun doute que le culte d'Apis et celui de Mnevis existaient déjà à l'époque prédynastique.

Le taureau Mnevis (NEM-UR en égyptien) était vénéré à Héliopolis comme " le Dieu Soleil vivant " dans la succession des vies de Rê et d'Osiris. Comme Apis, il était soit noir, soit ombragé.

Le taureau avait son propre harem de vaches avec deux épouses qui étaient identifiées à Hathor et Iusaas.

Lorsque le taureau était mort de mort naturelle, il était enterré dans un cimetière spécialement désigné.

En raison de son lien étroit avec le soleil, il était l'un des rares dieux apparemment tolérés et vénérés par Akhenaton avec son nouveau dieu Aton. Il a même mis en œuvre le décret prévoyant la construction d'une sépulture appropriée pour le dieu à el Amarna, bien que son emplacement n'ait jamais été trouvé. Plus tard, un tel cimetière était situé au nord-est du temple d'Héliopolis ; il y en avait aussi un pour les mères des taureaux Mnevis. Ils étaient identifiés à la déesse Hesat.

Outre Héliopolis, Mnévis était vénérée dans d'autres lieux, à l'époque gréco-romaine, à Dendera et Edfou. A Soknopaiu Neso dans le Fayoem, il y avait un temple à Serapis-Osoromnevis, une combinaison d'Osiris avec Apis et Mnevis.

Serapis

Aussi appelé Sarapis, Ausar-Apis, ou Osorapis.

Divinité composite réunissant les attributs d'Osiris, dieu du Duat (monde souterrain), et du taureau Apis, adorée dans la ville de Memphis.

Sérapis était un dieu anthropomorphe hellénistique dont le culte provenait de l'Égypte ancienne. Sérapis est le dieu de l'au-delà, de la fertilité des zones agricoles, du soleil, du monde souterrain et de la médecine. Il est le mari d'Isis. Son culte a également eu un grand attrait en dehors de l'Égypte et était répandu dans l'Empire romain.

Syncrétisme

Serapis est un phénomène typique de son époque, où il existait un véritable syncrétisme entre les dieux. Serapis lui-même était une contraction entre Osiris et le dieu taureau Apis. Le nom Osirapis, vient d'une divinité plus ancienne : le taureau Apis transformé en Osiris. Il a cependant pris une apparence grecque, et son culte a donc été surtout fortement pratiqué par la couche grecque de l'Égypte ptolémaïque, Apis restant particulièrement populaire auprès des Égyptiens autochtones. Cependant, le dieu Sérapis était toujours associé à de nombreuses autres divinités : Pluton, Asclépios, Amon, Zeus, Hélios, Dionysos et Aiōn. Les Grecs étaient habitués aux divinités anthropomorphes, mais avaient du mal à accepter les divinités égyptiennes représentées sous forme d'animaux. La nouvelle divinité Serapis était censée relier les deux mondes.

Origine

Concernant les origines du culte, Plutarque raconte que Ptolémée Ier Sôter Ier a fait un rêve dans lequel un dieu de la mer Noire lui demandait de transférer son culte en Égypte. Ce dieu a ensuite été reconnu par les prêtres comme étant Sérapis. Ptolémée s'est fait couronner roi en 305 avant J.-C. Avec des conseillers grecs et égyptiens, il voulait réunir les populations distinctes de Grecs et d'Égyptiens lors des fêtes d'État d'Osiris et du Nouvel An. Dans ce contexte, Sérapis a été nommé dieu principal des souverains grecs. Le Serapeum d'Alexandrie a reçu son propre temple grec de Serapis avec une statue de Serapis de plus de 10 mètres de haut.

Cependant, le culte de Sérapis peut aussi être né plus tôt, à savoir sous Alexandre le Grand, mais il n'y a aucune certitude à ce sujet. Nous savons avec certitude que le dieu Sérapis existait sous Ptolémée II Philadelphe.

Comme Sérapis a probablement été créé sur l'ordre des Ptoléméens, il est rapidement devenu le protecteur de la dynastie ptolémaïque et son culte a été encouragé par celle-ci. Cependant, le dieu Sérapis avait bien d'autres qualités : d'Asclépios, il tenait sa capacité de guérison et son syncrétisme avec Osiris faisait qu'il était également impliqué dans l'agriculture et le monde souterrain. Sérapis était adoré comme sauveur dans la vie et la mort, comme révélateur dans l'oracle, comme sauveur dans la maladie et la détresse solitaire et comme protecteur des marins.

Caractéristiques

Serapis a une apparence tout à fait grecque : avec ses cheveux pleins et bouclés, souvent avec cinq mèches sur le front, et sa barbe, il ressemble beaucoup à Zeus et à Pluton. Un nouvel élément est le *kalathos* (panier pour la laine ou le tartan) ou le *modius* (mesure de maïs), qui se trouve sur sa tête, symbolisant la fertilité de la terre. Dans certaines représentations, il porte la couronne atef avec des plumes d'autruche et les cornes de bélier d'Osiris. Comme Osiris, dieu des enfers, il peut être accompagné du chien à trois têtes Cerbère. Parfois, Sérapis est représenté avec Isis comme un serpent à tête humaine.

Son iconographie a influencé la représentation du dieu de la création dans l'art ecclésiastique antique. Certains motifs visuels que les Coptes ont empruntés à la tradition d'Osiris, d'Isis et d'Horus, comme le dieu mère nourrissant son enfant.

Serapeum

Un temple dédié au dieu Sérapis s'appelle un Serapeum. Le sanctuaire le plus important est le Serapeum à Alexandrie, la capitale des rois ptolémaïques. Le lieu de sépulture traditionnel des taureaux Apis à Sakkara était également appelé Serapeum à cette époque.

Distribution

Le culte de Sérapis s'est également répandu dans l'empire séleucide et, à l'époque impériale, dans de nombreuses provinces romaines, même en Gaule.

Trivia

Louis Couperus décrit une visite au Serapeum de Canopis et la thérapie, qui consiste à rêver et à expliquer le rêve, dans son Tourisme antique. Roman de l'Égypte ancienne.

Wepwawet

Wepwawet (également écrit comme **Oepoeaoet** ou **Upuaut**), prononcé : Oep-oe-a-oet, était un dieu de la mythologie égyptienne. Son centre de culte se trouvait dans la ville de Lycopolis, l'actuelle Assioet, capitale du 13e nome de Haute-Égypte.

Son nom signifie "l'ouvreur des routes", car il était à l'origine un dieu de la guerre dont le rôle était de dégager les routes pour l'armée. Il était représenté comme un loup, d'où le nom de Lycopolis, qui signifie ville des loups. On dit aussi qu'il accompagnait le pharaon à la chasse.

Plus tard, comme Wepwawet était considéré comme un dieu de la guerre, et donc de la mort, on lui a également confié la tâche de dégager la route du désert menant au site funéraire. Elle était également associée au dieu Anubis, d'où sa représentation en chacal et son titre de "Seigneur de la Terre Sainte". Il a joué un rôle important dans l'enterrement d'Osiris à Abydos.

Divinités mineures (féminines)

Ammit

Une bête associée au temps du jugement

Ammit ou **Ammut** était, dans la mythologie égyptienne, la personnification de la rétribution divine pour tous les péchés qu'une personne avait commis au cours de sa vie. Elle vivait dans la salle de Ma'at, dans le monde souterrain, Duat, près de la balance de la justice, où les cœurs des morts étaient pesés par Anubis contre Ma'at, le principe de vérité et de justice. Les cœurs de ceux qui ont échoué au test ont été donnés à Ammut pour être dévorés, et leurs âmes n'ont pas été autorisées à entrer dans Aalu. Ainsi, ils devaient errer sans repos jusqu'à l'éternité, mourant ainsi d'une seconde mort. Certains récits disent qu'ils ont été décapités par le bourreau d'Osiris, Shesmoe.

Ammit n'était pas vénérée, et n'a jamais été considérée comme une déesse. Au lieu de cela, elle incarnait les craintes de tous les Égyptiens, sous la menace d'une agitation éternelle s'ils ne suivaient pas le principe de la Maât. C'est pourquoi Ammit est représentée avec la tête d'un crocodile, l'avant de son corps d'un lion ou d'un léopard, et son dos en forme d'hippopotame, une combinaison de ce que les anciens Égyptiens considéraient comme les animaux les plus dangereux. Elle est souvent décrite comme un démon, mais en fait, elle est une bonne puissance car elle détruit le mauvais.

Son rôle se reflète dans son nom, qui signifie *Dévoreur* ou, de façon plus précise et moins euphémique, *Mangeur d'os,* et dans ses titres de *Dévoreur de morts*, *Dévoreur de millions* (*Am-heh* en égyptien), *Mangeur de cœurs* et *Grandeur de la mort.*

Ammit est également comparé à plusieurs dieux. Par exemple, Turgis, un hippopotame féroce et carnivore. Ou avec Taweret, qui a des caractéristiques physiques similaires, comme compagnon de Bes. Il a empêché tout le monde de mal tourner. Et aussi avec Sekhmet, la déesse féroce du lion. Elle buvait aussi du sang et était la déesse de la guerre.

Chauve-souris

La déesse Bat était une déesse vache de l'Égypte ancienne.

Rôle mythologique

Elle a joué un rôle important à la fin de la période pré-dynastique, mais on ne sait pas exactement quand la déesse a été vénérée pour la première fois.

Il existe peu de références mythologiques à la déesse. Les premières preuves écrites de la présence de la déesse se trouvent dans les textes des pyramides, qui l'appellent "la chauve-souris aux deux visages". Une référence à la double image de la déesse telle qu'on la voit sur les sistra. Une autre preuve est un pectoral de la 12e dynastie d'Égypte dans lequel Bat se tient entre Horus et Seth, symbolisant l'unité de l'Égypte.

Il existe une théorie selon laquelle la déesse aurait été importée de Mésopotamie.

Apparition

La déesse Chauve-Souris est rarement représentée dans l'art égyptien, mais elle a une apparence spécifique qui la différencie d'Hathor. La chauve-souris est représentée avec une tête humaine avec des cornes et des oreilles de vache. Contrairement à Hathor, les cornes sont incurvées vers l'intérieur.

Exemples d'images de Bat :

- Sur un sistre.
- Sur le menat ; un collier et aussi un objet musical.
- Le haut de la palette de Narmer représente deux têtes de vache qui regardent vers le bas. Le roi porte également un vêtement sur lequel figurent de petites têtes de vache.
- Une tête de vache stylisée avec des étoiles sur la palette Gerzeh.

Au cours du Moyen Empire, le culte de Chauve-Souris a été remplacé par celui d'Hathor, mais son visage a continué d'apparaître sur les colonnes d'Hathor.

Culte

Bat était la patronne du 7e nome de Haute-Égypte dont la capitale était Diospolis Parva, située dans la région de l'actuel Nag Hammadi. Son centre de culte était connu comme "le domaine du sistre". Elle était une importante déesse locale. Au Nouvel Empire, elle était identifiée à Hathor.

Hatmehit

Hatmehyt, **Hatmehit**, ou **Hatmehyt** était à l'origine la déification du Nil par le peuple de Per-banebdjedet, Mendes.localement, elle était une déesse poisson de moindre importance dans le delta du Nil. Il n'existe aucune preuve qu'elle ait joué un rôle important dans un quelconque cycle mythique, mais on sait très peu de choses sur elle.

Nom

Le nom Hatmehyt se traduit par *Maison de Mehit*, (Hat Mehit), ce qui impliquerait un lien avec Hathor, elle-même l'une des plus anciennes divinités d'Égypte, dont l'épithète était également Mehit, signifiant *grand ruisseau*. Il s'agirait peut-être de l'association avec les eaux primordiales du début des temps, concrétisées dans le Nil. D'autres déesses associées aux eaux primordiales ailleurs sont Moet et Naunet.

Le nom est expliqué par Wilkinson comme "*celle qui précède le poisson*", qui était en fait une épithète. Selon lui, cela pourrait indiquer l'excellence en tant que déesse-poisson principale, ou un précédent dans le temps, comme celui qui précède le monde primordial. En l'absence d'exemples mythiques, cependant, il a tendance à opter pour la première.La déesse Hatmehyt a fini par être incorporée au culte de Banebdjedet, le dieu bélier fertile de Mendes, qui lui a été ajouté en tant qu'eega.

Iconographie

Hatmehyt était représenté comme une figure féminine sur un trône avec un emblème de poisson ou une couronne sur la tête, ou sous la forme d'un poisson. On a parfois pensé que l'emblème de cette déesse était un dauphin, ce qui pourrait suggérer une influence minoenne, mais on suppose aujourd'hui qu'il s'agit de l'espèce de poisson communément utilisée sur le Nil, le poisson Lepidotus.

Cult

Il y a sans doute eu autrefois un temple à cette déesse dans le delta du Nil. Cependant, malgré sa fusion éventuelle avec le culte du dieu bélier, il semble que Hatmehyt ait été peu vénéré en dehors du delta égyptien. Cela s'explique peut-être par le fait que le poisson était considéré comme tabou dans de nombreuses régions et n'était donc pas considéré comme un symbole divin.Les amulettes du poisson Schilbe, en tant que symbole de la déesse, apparaissent pour la première fois au début de la 26e dynastie.

Hatmehyt ("*Premier parmi les poissons*") était peut-être la divinité originelle de Mendes. Avec Banebdjedet et leur fils "*l'enfant d'Horus*", ils formaient la "triade de Mendes".

Lorsque le culte d'Osiris a émergé, le peuple de Mendes a répondu en légitimant son autorité par le mariage avec Hatmehit. C'est principalement le Ba d'Osiris, connu sous le nom de *Banebjed* (littéralement : *Ba du seigneur du djed*, en référence à Osiris), qui était considéré comme marié à Hatmehit.
Lorsque Horus commença à être considéré comme le fils d'Osiris, connu sous le nom d'*Harpocrate* (*Har-pa-khered* en égyptien ancien), Hatmehit fut par conséquent nommée sa mère. En tant qu'épouse d'Osiris et mère d'Horus, elle a finalement été assimilée à une forme d'Isis.

Hesat

Hesat (anciennement égyptien pour le *lait* ou *le sauvage*, également **Hesahet**, ou **Hesaret**) était une déesse vache avec de multiples associations dans la mythologie égyptienne. Cette déesse était vénérée comme la vache du ciel à l'époque prédynastique. Dans les textes des Pyramides, elle apparaît comme la mère d'Anubis.

Elle était considérée comme la nourrice de tous les dieux, *celle qui produit toute la nourriture*, et était représentée comme une vache blanche portant un panier de nourriture sur ses cornes, tandis que du lait coulait de son pis.

Sous cette forme terrestre, elle était de manière ambiguë la mère d'Anubis, le dieu de la mort, car, en tant que nourricière, elle apportait la vie, tandis qu'Anubis, en tant que représentant de la mort, la reprenait. Puisque la manifestation terrestre de Rê était le taureau Mnevis, Anubis en tant que fils, le taureau Mnevis en tant que père, et Hesat en tant que mère, étaient adorés comme une triade de dieux.

Hesat était également considérée comme la manifestation d'Hathor, la vache céleste dans sa forme la plus ancienne, mais dans une incarnation terrestre. Comme Hathor, elle était donc appelée l'épouse de Râ.

Hesat est également nommée comme la mère du pharaon défunt, caractérisé comme son fils sous la forme d'un veau d'or. De plus, elle était la nourrice divine du pharaon vivant.

Cette déesse a également allaité un certain nombre de taureaux divins et était surtout la mère mythique du taureau sacré Mnevis, et selon certains textes du taureau Apis.

A Héliopolis, les vaches mères du taureau Mnevis étaient enterrées après leur mort dans un cimetière spécialement dédié à Hesat.

Les gens recevaient également du lait de Hesat, c'est pourquoi elle était aussi appelée Tenemit, la déesse de la bière. Elle possédait la capacité d'étancher la soif grâce à la "bière Hesat".

À l'époque ptolémaïque, Hesat était assimilée à Isis. Elle était vénérée sous la forme de la vache sacrée Isis-Hesat.

Meretseger

La déesse **Meretseger** est une déesse égyptienne de Thèbes qui était vénérée par les ouvriers qui fabriquaient les tombes du roi.

Mythologie

Meretseger était la déesse du pic en forme de pyramide situé au cœur de la Vallée des Rois dans l'ouest de Thèbes en Égypte. Aujourd'hui, cette montagne est appelée el-Qurna ou la Corne de Kurna ; elle est haute de 450 mètres. La montagne a la forme d'une pyramide et pourrait être une référence aux pyramides traditionnelles de l'Ancien et du Moyen Empire.

Parfois, Meretseger était appelée *Djemet-Imentet* ("le pic de l'ouest") en référence à son lieu de culte, mais son nom principal était *Meretseger* ("Celle qui aime le silence"). Un nom approprié pour une déesse d'une région solitaire et sauvage, sans habitants permanents, à l'exception des ouvriers qui fabriquaient les tombes des rois.

La déesse était considérée comme dangereuse, mais aussi indulgente. Elle était associée à Hathor.

Apparition

Meretseger était généralement représentée sous la forme d'un serpent enroulé, d'un cobra qui se soulève, d'une déesse humaine à tête de serpent ou d'un scorpion à tête de femme. Elle était également représentée avec des cornes de vache et un disque solaire. Le serpent et le scorpion faisaient partie des rares animaux qui vivaient dans le désert et convenaient donc comme manifestations de la déesse.

Culte

Meretseger n'était vénéré que par les ouvriers de la nécropole royale. Les images et les supplications à la déesse ont été établies au Nouvel Empire. Après le Nouvel Empire, très peu de travaux ont été effectués dans la nécropole et le culte de la déesse a donc disparu.

Un amas de stèles a été découvert à Thèbes, près du village ouvrier de Deir el-Medina. Certaines de ces stèles implorent le pardon de la déesse. On croyait que Meretseger se vengeait des personnes coupables de crimes en leur ôtant la vue ou en les poignardant ou les mordant. Mais la plupart mentionnent le pardon de la déesse et la restauration des ouvriers.

Meskhenet

Dans la mythologie égyptienne, **Mesechenet** (*Msḫn.t*, également **Meschenet**, **Meskhenet**, **Mesenet**, **Meskhent**, ou **Meshkent**) était une déesse de l'Égypte ancienne représentée debout ou assise sur un siège, avec un bâton de papyrus, un ankh, et sur la tête ce qui est probablement une vulve de vache stylisée. Cette représentation stylisée en elle-même était également utilisée comme amulette. Mesechenet avait quatre formes différentes, qui étaient toutes des déesses associées à la chambre de naissance et à la Chaise de l'utérus et aux pierres de naissance. Ils étaient tous impliqués dans la prédiction de l'avenir des nouveaux-nés. Le consort de ces déesses était considéré comme Shai. Le mot signifie littéralement "ce qui est commandé" (comme l'arabe *kismat*). Il était la personnification de la chance, du sort et du destin, mais cette fonction était également attribuée à la déesse elle-même.

Pakhet

Pachet (en égyptien *Pḫ.t* , *celle qui déchire*, également orthographié **Pakhet, Pehkhet, Phastet** et **Pasht**) est une déesse de la mythologie égyptienne. Elle est considérée comme une synthèse de Bast ou Bastet et Sekhmet, anciennes divinités des deux Égyptes qui étaient des personnifications similaires de lionnes, l'une pour la Haute Égypte et l'autre pour la Basse Égypte. La portée de ces deux cultes s'étendait jusqu'à la frontière entre le nord et le sud, près d'al Minya (aujourd'hui Beni Hasan), et la similitude des deux déesses à cet endroit a conduit à une nouvelle hybridation des deux cultures.

Origines et mythologie

Pachet remonte probablement à une déesse lionne régionale encore plus ancienne, la "*déesse de la bouche de l'oued*", qui était vénérée par ceux qui chassaient dans l'oued près de l'eau à la frontière du désert. Une autre épithète, "*Celle qui ouvre les voies des pluies d'orage*", indique le moment où la vague d'orage, source de fertilité, commence à remplir les oueds.Au moment où Pachet émerge dans le panthéon égyptien, au cours du Moyen Empire, la considération de Bastet comme une lionne féroce s'estompe. On la voyait plutôt comme un chat gentil et apprivoisé. Par conséquent, la nature de Pachet se situe quelque part entre la gentillesse de Bastet et la férocité de Sekhmet. Sa force était plutôt vue de l'intérieur, alors qu'elle conservait encore les qualités potentielles de la déesse de la guerre, pour les exprimer quand il le fallait. Outre Bastet et Sekhmet, elle est également identifiée à Hathor et, de ce fait, elle porte également le disque d'or comme partie de sa couronne en tant que déesse du soleil.

Elle devient à la fois une déesse dangereuse et auxiliaire et se voit même attribuer l'épithète de " *Soutien* (ḥrjt) *de tous les dieux* ". L'épithète " *Chasseuse de la nuit à l'œil vif et à la griffe pointue* " faisait référence à son aspect désertique, l'associant à de violentes tempêtes de sable, comme c'était le cas pour Sekhmet. Et comme Bastet, elle était aussi considérée comme une protectrice de la maternité.

Les représentations de Pachet montrent une figure féminine à tête de félin, souvent en train de tuer un serpent avec ses griffes acérées.

Temples près de al Minya

Le temple de Pachet, construit sous la forme d'un sanctuaire troglodyte par Hatchepsout près d'al Minya, est le plus célèbre des trente-neuf temples funéraires antiques des nomarques du Moyen Empire de l'Oryxennomos, qui régnaient à partir d'Hébénou dans une région comportant de nombreuses carrières. C'est dans le centre de l'Égypte, sur la rive orientale du Nil. Un site sur la rive est n'est pas traditionnel pour les tombes, la rive ouest l'est, mais là le terrain était le plus difficile. Nous connaissons l'existence d'un temple beaucoup plus ancien dédié à cette déesse à cet endroit, mais il n'a pas survécu à l'épreuve du temps. Nous savons d'Hatchepsout que c'est elle qui a restauré les temples de cette région soixante ans après qu'ils aient été détruits par les Hyksos.Les remarquables catacombes ont été fouillées. On y a trouvé de grandes quantités de chats momifiés. On peut dire que beaucoup d'entre eux ont été amenés de très loin pour être enterrés ici de manière rituelle. Certaines références associent cette déesse à Pachet-Weret-Hekau, (*Weret Hekau* signifie "*Celle qui a une grande magie*"), ce qui implique une équivalence avec des déesses comme Hathor et Isis. Un autre titre rencontré est "*Horus Pakht*". La présence de nombreux faucons momifiés sur le site expliquerait une autre association avec Hathor en tant que mère d'Horus, le faucon, le pharaon et le soleil.

Sa nature de chasseur fit que les Grecs anciens, lorsqu'ils occupèrent l'Égypte trois cents ans plus tard, assimilèrent Pachet à Artémis. Ils ont donc donné le nom de Speos Artemidos à ce temple troglodyte, la "*grotte d'Artémis*", et ce nom a survécu bien qu'elle ne soit pas une déesse égyptienne. Les Grecs ont tenté d'assimiler les divinités égyptiennes aux leurs, mais ont laissé intactes les traditions de la religion égyptienne. Après eux, l'Égypte a été conquise par les Romains, juste après l'an 30, et ils ont conservé un grand nombre des noms grecs, bien qu'ils aient eux aussi fait des tentatives frénétiques, par le biais de ce qu'on appelle l'Interpretatio Romana, pour associer des divinités étrangères aux leurs en leur donnant leurs propres noms.Les chrétiens et d'autres sectes religieuses ont occupé certaines parties du site pendant la domination romaine. Après les années 600, les noms arabes sont entrés en vigueur.

Hatchepsout et sa fille Neferoere ont été identifiées comme étant celles qui ont construit un temple plus petit, également dédié à Pachet à proximité, mais dont les pharaons successifs ont effacé toute décoration. Il a été achevé à l'époque d'Alexandre le Grand et s'appelle aujourd'hui *Speos Batn el-Bakarah*.

Qetesh

Qetesh (également **Qetshu, Qadesh, Kadesh, Quadosh, Qatesh, Qadeshet, Qudshu, Q(u)odesh**) était une déesse de l'amour et de la beauté (plutôt que de la fertilité) dans la mythologie égyptienne, cananéenne et grecque.

Initialement une déesse sémitique d'origine syro-phénicienne de Canaan, elle a ensuite été adoptée par le panthéon égyptien. Son consort ultérieur aurait été le dieu Reshef, également identifié à Nergal dans la mythologie chaldéenne, qui fut également introduit dans l'Empire du Milieu. Une fois que Qetesh est entrée dans la foi égyptienne, il a été décidé qu'elle devait être la mère du dieu de la fertilité Min, et donc de la réalisation sexuelle. Déesse populaire, elle a fini par être considérée comme un aspect de la déesse Hathor, tout aussi populaire.

C'était peut-être aussi une désignation attribuée à l'Asherah.

Qetesh était représenté de face comme une femme nue debout sur un lion, avec sur sa tête une pleine lune ou un soleil reposant sur un croissant de lune. Elle tenait dans la main gauche un serpent et dans la droite un bouquet de fleurs de lotus. Elle portait la coiffure avec le chapeau de vautour d'Hathor. Sur la stèle du British Museum, elle est appelée **Kent**, et sur la stèle de Turin **Qetesh**. Sur les deux, on lui attribue l'épithète de "*Dame du Ciel, Maîtresse de tous les Dieux, Œil de Râ, Un sans second*".

Le nom *Qetesh* est peut-être lié à l'hébreu *kadesh*, une prostituée du temple. Les dieux Min et Reshef, représentés à ses côtés sur la stèle du British Museum, représentent probablement les amants de la déesse.

Satis

Satet était la déesse protectrice du Nil dans l'Égypte ancienne et surtout la gardienne des sources du Nil. Elle est représentée comme une femme portant la couronne blanche de Haute-Égypte avec des cornes d'antilope de chaque côté de la couronne.

Elle apparaît généralement avec le dieu bélier Chnoem et leur fille Anuket. Ces trois dieux formaient la triade (trio de dieux composé d'un père, d'une mère et d'un enfant) de l'île d'Éléphantine, où se trouvait la ville d'Aboe avec leur principal site de culte. Cette île est située dans le sud de l'Égypte, près de l'actuelle ville d'Assouan et à proximité de la première cataracte. C'est de cet endroit que la crue du Nil a été vue pour la première fois en Égypte.

Selon les Égyptiens, la déesse vivait au sud d'Éléphantine et protégeait les sources du Nil, que les anciens Égyptiens eux-mêmes n'ont d'ailleurs jamais trouvées et qui n'ont été découvertes que bien plus tard. Avec le dieu du Nil Hapy, elle s'occupait de la crue du fleuve, mais Satet régulait la bonne quantité d'eau. Après tout, le flot ne doit pas être trop abondant, mais bien sûr, il ne doit pas non plus être trop fin. C'est pourquoi de nombreux agriculteurs se rendaient à son temple pour prier afin que la bonne quantité de limon soit déposée et que l'on puisse espérer une bonne récolte.

Serket

Dans l'Égypte ancienne, **Selket** était une déesse bénigne représentée comme une femme avec une tête de scorpion ou un scorpion avec une tête de femme. Elle est parfois représentée sans queue.

Elle protégeait les habitants de la terre des morsures venimeuses et, avec les autres déesses protectrices Isis, Neith et Nephtys et les quatre fils d'Horus, veillait sur les canopes contenant les entrailles des défunts.

Ses prêtresses étaient spécialisées dans le traitement des piqûres d'insectes et de scorpions. Leur traitement comprenait des aspects magiques et médicaux.

Seshat

Également appelé Sesat, Sefekht ou Seshet.

La déesse de l'histoire, de la littérature, des mesures et des enregistrements

Seshat était une déesse de l'Égypte ancienne principalement liée à l'écriture ; en tant qu'archiviste, elle était également la déesse des mathématiques et des archives royales. En raison de son rôle dans la sagesse, elle était parfois associée au dieu de la sagesse Thot. Son nom signifie "écrivain", de "sesh" = écriture, avec une terminaison féminine. On l'a surnommée "la maîtresse des cartes et des carnets".

Présentation

Elle est représentée comme une jeune femme portant une rosette à sept branches surmontée d'un nœud inversé. Parfois, elle porte aussi une peau de léopard (les Égyptiens voyaient dans le motif d'une peau de léopard les étoiles, symbole d'éternité, mais c'était aussi un attribut caractéristique pour une prêtresse). Ses autres attributs étaient un stylet et une palette d'écriture ou une bande de palmier dans sa main.

Mythe

Pendant le festival Sed ou "Heb sed" ("*Fête de la queue*"), Seshat jouait un rôle important. Cette fête était une célébration destinée à marquer une nouvelle phase du règne d'un pharaon, s'il pouvait prouver sa fertilité et sa forme physique.

162

Lorsqu'un pharaon était sur le trône depuis 30 ans, ce premier "jubilé" était célébré, puis tous les 3 ans. Les fêtes les plus anciennes signifiaient probablement la mise à mort rituelle du pharaon lorsqu'il était jugé trop vieux pour régner. Plus tard, ils ont signifié le renouvellement du pouvoir du pharaon en place.

Seshat était également celle qui gardait la trace de l'histoire et, en tant que déesse de l'arithmétique, elle aidait les architectes à déterminer le plan des nouveaux temples.

Sopdet

Sopdet (la pointue) - appelée *Sothis* à l'époque grecque - était une déesse de l'Égypte ancienne (voir : Isis-Sothis).

Elle est représentée avec une étoile au-dessus de sa tête et est connue depuis l'époque de Djer. Avec Sah (Orion) et leur fils Sopet, elle a formé une triade. Elle était la déesse de l'étoile Sirius, l'*étoile du chien*, et en son honneur, un festival annuel était célébré, le festival Sothis. Cette fête était célébrée le jour où l'étoile était à nouveau brièvement visible pour la première fois après avoir été cachée derrière l'horizon pendant 70 jours, juste avant le lever du soleil. Le calendrier égyptien était calibré en fonction de cela.

En règle générale, juste après la fête de Sothis, le Nil recommence à couler et la période sèche prend fin. Sopdet annonçait ainsi le retour des eaux vivifiantes du Nil, ce qui était une bonne raison de faire la fête. La période de 70 jours qui était observée pour embaumer un défunt est probablement liée aux 70 jours d'absence de la déesse Sopdet. Les gens considéraient également la fin des préparatifs funéraires comme un retour à la vie, notamment lors de la cérémonie d'ouverture de la bouche.

Taurt

Aussi appelé Taweret, Thoueris, Opet, ou Apet.

La déesse hippopotame associée à l'accouchement et à la maternité.

Taweret (égyptien ancien " Celle qui est grande/tout englobante ", grec ancien Τοερις, Tœris) est une déesse de la mythologie égyptienne.

Taweret était une déesse à l'époque prédynastique, figurant sur de nombreuses amulettes. De nombreux témoignages du culte de cette déesse datent de l'Ancien Empire. Avec le dieu archaïque Bès, elle était aussi la déesse protectrice de la naissance et du premier allaitement. Taweret était donc représenté comme une femelle hippopotame en gestation, un animal connu pour protéger ses petits. Elle pouvait en outre être représentée avec les traits d'un lion ou d'un crocodile (les portant éventuellement sur son dos) et avait alors une fonction apotropaïque (devait faire fuir les mauvais esprits ou les démons). Taweret était souvent invoquée lors de l'accouchement pour protéger la femme et l'enfant (taux de mortalité élevé lors de l'accouchement) et pour cette raison, elle était également représentée avec un gros ventre et des seins fortement affaissés.

Habituellement, cette déesse porte une perruque et, au-dessus, une coiffe de plumes, éventuellement avec des cornes et un disque solaire. Habituellement, la bouche est ouverte ou les lèvres sont tirées en arrière pour montrer les rangées de dents. Cela indique peut-être une fonction de répulsion du mal. Principaux attributs : le *sa* (symbole de protection), l'*ancre* (symbole de vie) et la torche (repoussant les ténèbres et le mal).

Le symbole *sa* est généralement le plus grand et représente la déesse sur le sol des deux côtés en s'appuyant sur lui avec les paumes de ses mains.

Parfois, la déesse hippopotame était associée à Isis, par exemple dans une partie du *cippi de la* période tardive, bien que le lien entre ces deux déesses ne soit pas toujours clair. Taweret était plus souvent associée à Hathor, portant sa chevelure typique (la perruque de vautour). Dans la vignette qui accompagne le chapitre 186 du Livre des morts égyptien sur le papyrus d'Anhai, elle est représentée avec Hathor sous la forme d'une vache. Elle semble être directement identifiée à cette déesse, car seule Hathor est mentionnée dans la malédiction.

Une stèle rare (Metropolitan Museam of Art de New York) représente Taweret rendant hommage à Mout (qui est parfois considérée comme un archétype d'Hathor) et porte les traits de Tiye, épouse du pharaon Amenhotep III. Cette reine s'identifie apparemment à la déesse hippopotame.

Taweret a été considérée comme l'épouse de Seth à une époque ultérieure parce que l'hippopotame mâle était associé à ce dieu et parce que, selon Plutarque, Taweret était devenue l'une des "disciples d'Horus". Mais Taweret était également considérée comme l'épouse du dieu Bes, beaucoup plus âgé.

Elle était très populaire parmi les Égyptiens ordinaires et apparaît dans de nombreux textes magiques, sorts et amulettes. Taweret était une déesse domestique et n'avait pas de temple de culte. Les images de Taweret se sont répandues le long de la Méditerranée et ont finalement pénétré l'iconographie de la Crète minoenne, où sa forme est restée reconnaissable, bien qu'elle y soit la déesse de l'eau.

Wadjet

Wadjet (également connue sous le nom de Wadjit ou Wedjat) est une déesse de la mythologie égyptienne.

Elle est surtout connue pour l'un des cinq noms du pharaon, le nom nebty ou le nom des deux déesses Wadjet et Nekhbet. Wadjet représentait le nord ou la Basse-Égypte et était représenté par un cobra, l'uraeus, qui s'élève pour cracher son venin sur quiconque ose menacer le roi. Nekhbet était une déesse vautour représentant le sud ou la Haute-Égypte. Ensemble, ils formaient l'ornement qui ornait le front du pharaon.

Wadjet était vénéré à Boeto, dans le delta, et pouvait parfois être représenté comme une lionne, faisant ainsi référence à Sekhmet, la forme terrible du soleil. Son nom fait référence au vert des papyrus du delta.

L'œil Wedjat

Wedjat (le primitif) est également le nom de l'œil lunaire gauche d'Horus, endommagé lors de la bataille entre Horus et Seth, mais restauré ensuite par Thot. Horus a donné l'œil à son défunt père Osiris afin qu'il l'utilise pour atteindre l'au-delà en toute sécurité. De nombreuses amulettes étaient réalisées à partir de l'œil, notamment pour les défunts qui tentaient à leur tour d'atteindre l'autre monde. Il est souvent fabriqué en faïence verte ou bleue, car le vert représente la régénération et la résurrection. Osiris, avec son teint noir ou vert, est le symbole de la fertilité (la boue noire du Nil) et de la résurrection (résurrection de la récolte).

Autre

Akhenaton

Amenhotep IV, Akhenaton, Akhnaton ou **Akhenaton** (ou d'autres variantes d'écriture) était un pharaon de la 18e dynastie de l'Égypte ancienne. Le pharaon est connu pour l'art libre d'Amarna et l'introduction du monothéisme en Égypte.

Famille

Akhenaton était le fils d'Amenhotep III (vers 1388 - 1351 av. J.-C.) et de la reine Teje. Il a épousé sa nièce Néfertiti, la fille d'un fonctionnaire du palais originaire d'Achmim. Il a ensuite épousé Kiya et un autre Teje.

Akhenaton et Néfertiti ont eu les enfants suivants :

- Meritaton,
- Maketaton,
- Anchesenpaäton (le futur Anchesenamon)
- Neferneferoeaten Tasjerit,
- Neferneferoere,

- Setepenre

Akhenaton et Kiya ont eu les enfants suivants :

- Toutankhamon,
- Probablement Smenchkare ?

Apparition

Le jeune pharaon est représenté avec une apparence étrange, pour ne pas dire grotesque. On y voit une grosse tête en forme de gourde, un cou très long et fin, des yeux étroits et des lèvres pulpeuses. On y voit son ventre comme celui d'une femme enceinte, tandis que ses cuisses présentent elles aussi une énorme épaisseur mais que le bas de ses jambes est très fin. De plus, il est représenté avec des traits de visage étranges et féminins. Une explication possible serait qu'Amenhotep souffrait du syndrome de Marfan.

Le règne d'Akhenaton

Au départ, comme dans Khenet (Gebel el Silsila), il s'est présenté comme un souverain égyptien traditionnel. Il a été intronisé dans le temple de Montu à Karnak.

Cependant, après quatre ans sur le trône (vers 1348 av. J.-C.), Akhénaton opère quelques changements révolutionnaires :

- Alors que l'Égypte avait jusqu'alors connu un polythéisme, avec le dieu du soleil Amon comme dieu principal, Akhenaton a peut-être introduit le monothéisme, bien que l'aspect monothéiste de sa religion soit sujet à débat. Le seul dieu était Aton, le disque solaire, jusqu'alors un aspect mineur du dieu solaire Amon-Ra. Les images du pharaon et de sa famille ont remplacé celles des anciens dieux protecteurs dans le sanctuaire des temples.
- Il fait construire une nouvelle capitale, Akhetaton (Horizon d'Aton), l'actuelle Amarna. La cinquième année du règne, toute la cour s'installe à Amarna avec la reine mère Teje.
- Le grand prêtre d'Aton était le pharaon lui-même. Il était le médiateur personnel du culte.
- Un nouveau style, l'art d'Amarna, le style traditionnel rigide et statique a été abandonné et les personnes ont été représentées de manière plus désinvolte et plus fidèle sur les reliefs. Ses

propres statues sont expressives et peu attrayantes. De nouvelles tailles ont été introduites pour la sculpture des blocs de pierre.

- Il a fermé les temples des dieux autres qu'Aton.
- La langue d'écriture a changé.

À partir de la douzième année de son règne, les réformes deviennent moins radicales, lorsqu'Akhenaton doit prêter attention aux développements à l'étranger. Les Hittites ont essayé d'étendre leur influence en Syrie. Un mariage diplomatique a été arrangé avec une fille du souverain babylonien des Kassites. La deuxième reine, Kiya, était peut-être la fille du roi de Mitanni.

Akhenaton meurt avant d'avoir désigné un successeur.

Le culte d'Aton

Il existe des théories selon lesquelles la religion Aton d'Akhenaton a influencé la naissance ou le développement du judaïsme - et donc indirectement du christianisme. Un indice à cet égard est l'hymne à Aton, trouvé à Amarna, qui présente une ressemblance frappante avec le psaume biblique 104. Comme le règne d'Akhénaton, selon la chronologie la plus acceptée, coïncide avec la période d'exil des Israélites en Égypte, une telle influence est tout à fait possible. La mention d'un peuple mystérieux est encore plus intéressante. Ce peuple, appelé Sa-Gaz ou Chabiroe, a envahi Israël depuis le nord-est et est identifié par certains spécialistes aux Juifs bibliques. Les Chabiroe erraient en grandes bandes avec femmes et enfants dans des territoires impraticables, loin des grandes routes militaires. Parfois, ils s'immiscent dans la politique locale en servant de troupes auxiliaires lorsqu'ils ne font pas la guerre eux-mêmes.

De nombreux temples des autres dieux ont été fermés. Cela a entraîné une désorganisation de la société, car la gouvernance du pays passait jusqu'alors entièrement par les temples. L'administration qui l'a remplacé était corrompue et pleine d'arbitraire. Akhénaton était naturellement impopulaire auprès des prêtres d'Amon, jusque-là puissants ; le culte des dieux traditionnels s'est donc poursuivi dans la clandestinité - comme en témoignent les découvertes faites dans l'actuelle Amarna - et la religion traditionnelle a ainsi conservé son lien avec le peuple, sur lequel la réforme religieuse a eu peu d'impact.

Cependant, l'art a connu des changements radicaux, car les artistes n'avaient plus à suivre les anciennes règles rigides du canon et pouvaient se laisser guider par leurs propres pouvoirs créatifs. La langue écrite a également changé et s'est rapprochée de la langue parlée.

Politique étrangère

La politique étrangère a souffert des tensions internes générées par la réforme d'Aton, et les Hittites en particulier en ont profité pour étendre leur influence vers Canaan. Néanmoins, comme en témoignent les lettres dites d'Amarna, la cour d'Amarna entretenait d'importantes relations diplomatiques, notamment avec Burnaburiaš II de Karduniaš (Babylone). En 1887, la correspondance du ministère égyptien des affaires étrangères, relative à Israël, a été trouvée sur des tablettes d'argile datant du 14e siècle avant J.-C. à Amarna. Amarna était la capitale du pharaon "hérétique" Akhenaton (Amenhotep IV). Ces lettres amarniennes, au nombre de 150 environ, sont écrites en akkadien, alors *lingua franca* de la diplomatie internationale, et en cunéiforme. Ils sont très imprégnés de la grammaire et du vocabulaire cananéens. Ils en disent long sur Israël et le sud de la Syrie à cette époque, ainsi que sur le rôle joué par l'Égypte.

Suivi

On sait peu de choses sur la mort d'Akhenaton. Historiquement, l'explication est qu'il a été tué par des adeptes du culte d'Amon, qui avait été expulsé. Récemment, on pense qu'autour de sa mort, une peste s'est abattue sur de nombreuses personnes, non seulement en Égypte mais aussi dans tous les pays du Moyen-Orient. Cela peut expliquer les nombreux décès dans la famille royale à cette époque. Peu après la mort d'Akhenaton, les réformes sont inversées et Amon est restauré et réinstallé dans son temple.

Avec sa première femme, le roi n'a eu que des filles (six au total) et après sa mort, la première Smenchkare (peut-être la même qu'Anchchchperoere) lui a succédé. Sa veuve semble avoir demandé au roi hittite un prince comme consort. Ce prince hittite a été tué à la frontière égyptienne. Puis les Hittites ont envahi le nord de la Syrie.

Puis le fils d'Akhenaton, Toutankhaton, monte sur le trône. Sous l'influence du général Eje d'Achmim, il épouse sa demi-sœur Anchesenpaäton, une fille d'Akhenaton et de Néfertiti. Toutankhaton va bientôt changer son nom en Toutankhamon, quitter Akhenaton et rouvrir les temples des dieux traditionnels. La tentative de briser le pouvoir croissant des prêtres d'Amon semble avoir échoué.

Après la mort inexpliquée de Toutankhamon, Eje lui succède, qui épouse Anchesenpaäton (plus tard Anchesenamon) afin de revendiquer le trône.

Après la mort d'Eje, Horemheb est arrivé au pouvoir et toute référence au culte d'Aton a été effacée.

Structures

- la ville d'Amarna
- Temple Aton
- Temple d'Aton (Karnak)
- Tombe d'Akhenaton à Amarna
- Peut-être aussi Graf DK 55

Noms

Le roi est couronné sous le nom d'Amenhotep IV Nefercheperoere-Oeaenre, il fait changer ce nom en Akhenaton Nefercheperoere-Oeaenre la quatrième année de son règne à cause du culte d'Aton. Ainsi, le roi avait également deux séries de titres de roi.

Hu

Hoe (aussi : **Hu**, ḥw) *était dans la mythologie égyptienne la personnification du concept de " première parole ", la parole de l'acte de création, qu'Atoum aurait proclamé en éjaculant dans son acte masturbatoire de création de l'Ennéade. Il s'agit du concept d'expression autoritaire et il était donc fortement associé aux notions de pouvoir et de contrôle.*

On disait que Hoe était née d'une goutte de sang provenant du phallus du dieu du soleil et qu'elle était donc liée à la puissance de la divinité précédente, Rê. Mais il y avait aussi un lien étroit avec le mythe de la création de Memphis, où c'est le dieu Ptah qui a créé l'univers par sa parole autoritaire.

Hoe est souvent associé à Sia, la personnification de la perception, de la compréhension ou de la connaissance, notamment dans les mythes de la création ou du voyage du soleil dans les enfers. L'association de Hoe avec le monde souterrain et l'au-delà est très ancienne.

Dans les textes des Pyramides, le dieu apparaît comme un compagnon du roi défunt, et les textes répètent souvent que le roi assume l'autorité. Un passage indique explicitement que *l'autorité [Hoe] a incliné sa tête devant moi*, ce qui indique que le roi défunt conserve son autorité en tant que monarque et a le pouvoir sur les pouvoirs de l'au-delà.

Hoe était rarement représenté dans une image, n'apparaissant comme une divinité anthropomorphe que dans des scènes montrant l'écorce de Re.

How ne doit pas être confondu avec le dieu Heh ou Hehoe.

Imhotep

Imhotep (ancien égyptien Jj m ḥtp *jā-im-ḥatāp " *Qui vient en paix* ", également **Immutef**, **Im-hotep** ou **Ii-em-Hotep**, grec ancien *Imouthes* (Ιμυθες)) était vers 2655-2600 av. J.-C. vizir (premier ministre) du pharaon Djéser, deuxième pharaon de la troisième dynastie de l'Ancien Empire en Égypte ancienne. En plus d'être vizir, il était également architecte, conseiller du pharaon, auteur d'ouvrages médicaux et grand prêtre de Ptah et de Râ.

Imhotep l'homme

Imhotep est surtout connu comme le vizir et le "visionneur d'œuvres" du pharaon Djoser. Il a conçu la pyramide à degrés de Djoser. Un complexe gigantesque contenant toutes sortes de structures religieuses/royales exécutées pour la première fois dans la pierre. Imhotep est né dans une famille de la classe moyenne, mais il s'est élevé grâce à son intelligence et a servi comme grand prêtre du dieu Ptah, entre autres. Selon un mythe, créé longtemps après sa mort, il aurait été le fils de Ptah pour une femme mortelle, Chredoe-anch ou Kheredu-ankh, qui a ensuite été élevée au rang de demi-dieu parce qu'elle aurait été une fille de Banebdjedet. En plus d'être prêtre, Imhotep était également architecte, scribe et médecin et, en raison de ce large développement, il est parfois considéré comme le premier génie du monde (ou le premier homo universalis).La tombe d'Imhotep n'a pas encore été retrouvée mais on pense que la tombe n° 3 518 à Saqqara pourrait lui appartenir.Plusieurs images de sa vie montrent qu'Imhotep avait le droit d'être nommé en même temps que le roi, un très grand honneur. On ne sait pas comment Imhotep a rempli son rôle de prêtre.

Imhotep comme dieu

Imhotep est resté célèbre même après sa mort et sa renommée a augmenté même au fil des siècles. Environ deux mille ans après sa mort, il a même été déclaré dieu. On dit qu'il est le fils du dieu Ptah. Imhotep est devenu le saint patron de la médecine, du savoir supérieur et de l'écriture. En raison de ses connaissances en médecine, les Grecs l'assimilaient au dieu Asklepios et, en raison de ses connaissances en écriture, il était également associé au dieu Thot.

Dans les représentations, Imhotep est un homme ordinaire, portant un pagne et le haut du corps nu. Il est représenté avec un crâne rasé ou une calotte et porte les signes d'un dieu (ancre et sceptre). La ressemblance avec le dieu Ptah est frappante, qui - comme seule autre divinité - porte également une calotte ainsi que l'ancre et le "sceptre de cire".

Cependant, contrairement à Imhotep, Ptah est toujours représenté comme un homme momifié et porte le symbole djed en plus des signes susmentionnés.

Sah

Sah était la personnification de la constellation d'Orion dans la mythologie égyptienne. La femme de Sah était Sopdet, la personnification de Sirius. Leur fils était Sopdu.

La constellation d'Orion et l'étoile Sirius étaient toutes deux très importantes dans la mythologie égyptienne. Ils étaient considérés comme des manifestations d'Osiris et d'Isis. C'est pourquoi Sah est souvent désigné comme le *père de tous les dieux* dans les textes des pyramides de l'Ancien Empire.

Les images de Sah sont rares. Dans la plupart des images, nous le voyons comme un homme barbu dans une barque faite de papyrus, naviguant parmi les étoiles dans le ciel nocturne.

Les âmes de Pe et Nekhen

Les âmes de Nechen et Pe sont deux dieux égyptiens qui représentent l'unité au début des temps dans la mythologie égyptienne. Ils symbolisent les âmes (*Bau*) de la ville de Pe (Boeto) en Basse-Égypte et de la ville de Nechen (Hierakonpolis) en Haute-Égypte. Ils représentent les souverains de la période proto-dynastique de ces deux villes et protégeaient le roi (mort et vivant). Le livre des morts égyptien dit certaines choses sur les dieux. Par exemple, les âmes de Pe se plaignent de la mort d'Osiris et vénèrent Horus comme le nouveau roi vivant. En outre, les âmes des deux royaumes seraient liées aux étoiles, de sorte que le roi pourrait monter dans les cieux par un escalier cosmique.

Apparition

Les deux dieux sont représentés sous la forme d'un chacal (Nechen) et d'un faucon (Pe). Ils sont généralement identifiés par le "salut jubilatoire" (*Henu*) qu'ils adressent au roi. Le salut de jubilation est donné au moment du lever (du soleil) ou lors d'autres rituels. Ils portent souvent aussi une barque ou même le roi sur leurs épaules.

Vénération

Les dieux n'avaient pas vraiment de temple permanent ; ils étaient plutôt une personnification de l'ascendance des rois. Ils jouaient également un rôle dans les rituels de renouvellement du roi. Les âmes de Pe et de Nechen apparaissent d'abord au Moyen Empire, puis en masse dans les tombes royales au Nouvel Empire. On les retrouve dans le temple d'Horus à Edfou et dans la tombe de Ramsès Ier, où ils fonctionnent toujours comme des figures secondaires.

Sphinx

Un **sphinx est une créature** mythique présente dans différentes cultures.

Toutes les cultures ne représentent pas le sphinx de la même manière. Par exemple, le sphinx grec est moitié femme (tête), moitié aigle (corps), mais en Égypte, la combinaison moitié homme (tête), moitié lion (corps) est la plus courante (bien que l'on trouve également des *sphinx* dits *criosfinx*, qui ont une tête de bélier).

Sphinx égyptien

Un sphinx était utilisé dans l'Égypte ancienne comme sentinelle, entre autres choses. L'image du sphinx était utilisée pour effrayer les ennemis. Deuxièmement, le sphinx était le symbole du "gardien du soleil". Il était également identifié à Horus, le pharaon et le soleil lui-même. Les criosphinx étaient associés aux dieux Amon et Chnoem.

- Sphinx de Gizeh
- Sphinx de Memphis
- Dromos (rangées de sphinx) au temple de Louxor et au temple d'Amon à Karnak
- Dromos au Serapeum de Saqqara

Quatre fils d'Horus

Les **quatre fils d'Horus** sont Amset, Dumautef, Hapy et Kebehsenuf. Ils jouaient un rôle important dans le culte de la mort de l'Égypte ancienne. Pour la survie de l'âme, dans l'Égypte ancienne, le corps devait pouvoir rester intact. Ils devaient donc pouvoir faire conserver le corps. La momification consistait à prélever certains organes du corps du défunt. Cela rendrait le processus de désintégration beaucoup plus lent.

Hérodote décrit comment le côté de l'abdomen était ouvert et les entrailles enlevées. Toutes les entrailles n'étaient pas conservées, mais selon la tradition, quatre d'entre elles étaient fourrées dans un canope. Dans chaque cas, ces quatre personnes étaient protégées par un fils d'Horus et une déesse.

Symboles

Ankh

L'ancre (☥, égyptien : ꜥnḫ) souvent écrite comme **une ankh**, également : **l'ancre-signe**, la **croix de vie** ou l'**ancre-croix** est l'un des symboles égyptiens antiques les plus connus et représente la vie dans la mythologie égyptienne, notamment dans le nom de Toutânkhamon, *pendant vivant d'Amon.*

Rôle dans l'antiquité

Dans l'Antiquité, les Égyptiens portaient l'ancre sur des images comme un signe de leur immortalité, la clé du bonheur éternel ; lorsque les gens la portent, cela indique qu'ils ont échangé ce monde pour l'au-delà. On pensait qu'elle les protégeait de toutes sortes de dangers. Le hiéroglyphe sous cette forme signifie "vie".

Dans la période amarnienne, l'aton, le disque solaire divin qui donne la vie, était représenté avec de nombreux rayons, chacun se terminant par une main. Le trône conservé de Toutânkhamon représente l'aton présentant une ancre au roi et à la reine. La présentation d'une ancre par une divinité à un pharaon était le symbole de l'octroi de l'énergie vitale. L'ancre était également toujours tenue juste sous le nez, car cette énergie était transmise avec la respiration, comme le montrent plusieurs images.

L'ancre se trouve également dans l'empreinte du sceau du roi Ézéchias de Judée, découvert en décembre 2015 lors de fouilles dans la zone d'Ophel, sur le côté sud du mont du Temple à Jérusalem.

Dans l'Église copte égyptienne du IVe siècle, l'*ancre* était utilisée comme symbole de la vie après la mort.

Dans les années 1980, le symbole a connu une résurgence en tant qu'ornement parmi les adeptes de la sous-culture gothique/new wave.

Djed

Un pilier **Djed** ou Djed est un symbole de la mythologie égyptienne. Le symbole apparaît avec le dieu Banebdjedet et la ville *Per Osiris neb Djedu* (Busiris).

Représentation et signification

Ce que le symbole représentait à l'origine est de plus en plus clair. C'est un symbole souvent identifié au dieu Osiris. Osiris étant un roi de l'éternité, il n'est pas non plus surprenant que le symbole djed signifie permanence et éternité. Il est communément compris comme la moelle épinière d'Osiris. C'est pour cette raison qu'elle peut être qualifiée d'hermétique. C'est le système nerveux parasymphatique transfiguré de la philosophie ésotérique qui est activé.

Il a été suggéré que cela avait un rapport avec les anciens bergers, les ancêtres des Égyptiens. Une autre théorie est que le Djed représente l'Arbre de Vie avec pour chaque renflement au sommet un monde traversé. Ce symbole trouverait son origine dans un ancien rituel de la nature intégré au dieu Chenti-Amentioe au début de la religion égyptienne. Ce dieu d'Abydos a ensuite fusionné avec le dieu Osiris. Osiris était le dieu de la résurrection et de la fertilité - ses fêtes (qui avaient lieu autour de la fête des semailles et de la récolte) étaient souvent entourées de rituels de fertilité où les céréales jouaient un rôle majeur.

Œil d'Horus

L'œil de Ra est le nom original de l'**œil d'Horus**. Dans la mythologie égyptienne ancienne, l'œil de Rê symbolisait le soleil féminin (Sechmet), tandis qu'Amon symbolisait l'aspect masculin du soleil.

L'œil d'Horus est composé de plusieurs parties, et est alors appelé le wadjet. Ensemble, ils occupent une heqat. Les différentes parties de l'œil représentent les sens : sentir, voir, penser, entendre, goûter et ressentir. La répartition est la suivante :

- 1/64 heqat feel
- 1/32 essais de heqat
- 1/16 heqat hear
- 1/8 heqat pensée
- 1/4 heqat voir
- 1/2 odeur de heqat

Symbolisme

L'œil d'Horus - l'œil qui voit tout - est un symbole fréquemment utilisé dans les films et les livres sur l'Égypte ancienne.

Il a été dit que le symbole figurant au dos d'un billet de 1 dollar, la pyramide surmontée d'un œil, représente l'œil d'Horus. Les conspirationnistes y voient une référence aux Illuminati.

*L'œil d'*Horus figure sur la couverture de l'album *Eye in the Sky* du Alan Parsons Project et de l'album *Vision Thing des* Sisters of Mercy. L'œil d'Horus est également un élément fréquent dans *La Maison d'Anubis* et revient dans le film Now You See Me.

L'œil d'Horus est également utilisé comme amulette pour se protéger du mauvais œil.

Scarabée

Un **scarabée** est un objet décoratif de l'Égypte ancienne, le plus souvent une amulette ou un sceau, en forme de scarabée sacré (*Scarabaeus sacer*). Cette créature, elle-même appelée *scarabée*, est une sorte de bousier. Les bousiers ramassent les excréments des herbivores, comme les chevaux et les chameaux, qui contiennent encore beaucoup de fibres non digérées. A partir de là, elles filent des boules dans lesquelles elles pondent leurs œufs.

Signification dans la mythologie égyptienne

Le scarabée était considéré comme un animal sacré dans la mythologie égyptienne. Les Égyptiens pensaient que les coléoptères émergeaient spontanément des boules de fumier, car on ignorait alors que le coléoptère pond ses œufs dans le fumier et que la larve se nymphose et éclot dans la boule de fumier.

En hiéroglyphes, l'image d'un scarabée représente les trois consonnes ḫpr (*"cheper"*), que les égyptologues traduisent par "surgir", "créer" ou "transformer".

Le scarabée était associé au dieu Chepri, dont le nom est composé des mêmes consonnes. Chepri était le dieu du soleil levant, qui créait pour ainsi dire un nouveau soleil chaque jour. Les boules de bouse, fabriquées et roulées par les scarabées, étaient également associées au soleil, et donc à Chepri, en raison de leur forme ronde.

Dans l'art

Le scarabée apparaît dans l'art égyptien sous diverses applications :

- Comme un ornement autour du cou
- Comme amulette sur la poitrine ou le cœur d'une personne décédée
- Comme objets commémoratifs pour les événements importants des pharaons et des reines. Amenhotep III a émis un grand nombre de carabes commémoratifs.
- Représenté comme un dieu dans les peintures des tombes et des temples.

Les scarabées ont également joué un rôle dans les régions situées autour de la sphère d'influence égyptienne, telles que Canaan ou la Nubie.

Tyet

Tyet est un symbole de la mythologie égyptienne, appartenant à la déesse Isis depuis le Nouvel Empire.

Tyet est très similaire à anch, la *croix de vie* égyptienne, à l'exception du fait que les deux bras pendent. Il a également la même signification que l'ancre : quelque chose comme "prospérité" ou "vie". Il est possible que tyet soit un synonyme de anch. Le signe a été retrouvé dans sa plus ancienne édition dans un relief de la 3e dynastie, mais les égyptologues pensent qu'il est beaucoup plus ancien ; ils soupçonnent que le signe date au moins de la période proto-dynastique. Dans l'Antiquité, l'amulette était le plus souvent fondue pour former les visages d'Hathor ou de Bat comme emblème de leur statut cultuel (qui devenait également l'insigne du kherep-ah, la garde du palais). Le lien avec Isis au Nouvel Empire est probablement né des associations que le tyet avait avec le Djed, un autre symbole égyptien. Dans les peintures murales, le tyet était souvent utilisé avec le Djed d'un point de vue décoratif.

Le tyet était souvent appelé *sang d'Isis* ou *nœud d'Isis* dans l'Égypte ancienne. Le nom *Sang d'Isis* fait référence aux propriétés magiques des menstruations d'Isis. Le *nœud du* nom d'*Isis* se reflète principalement dans la forme du symbole.

Dans le livre des morts égyptien, il est écrit à propos du tyet :

> *Vous possédez votre sang, Isis, vous possédez votre pouvoir, Isis, vous possédez votre magie, Isis. L'amulette* (tyet, ndlr) *est une protection pour ce Grand, qui repoussera toute personne qui comploterait un acte criminel contre Lui.*

Uraeus

Le **cobra Uraeus**, le **symbole Uraeus** ou **uraeus** en abrégé, est le serpent cobra symbolique qui orne de nombreuses divinités et pharaons égyptiens. Les anciens Égyptiens appelaient le serpent **Iaret**, ce qui signifie "Cobra de levage". Les Grecs l'appelaient ouraîos (οὐραῖος) signifiant " Sur sa queue ", d'où l'évolution d'Uraeus.

Mythologie

Le symbole signifie le pouvoir et la domination sur la fertilité et la prospérité de la terre. L'origine du *symbole de l'uraeus vient* de la Basse-Égypte où la déesse cobra Wadjet était vénérée. On dit que c'est le dieu Geb qui avait désigné le pharaon porteur du cobra comme le souverain légitime de l'Égypte.

Le cobra érigé défendait le pharaon au combat, comme Thoutmosis III lors de la bataille de Megiddo (1457 av. J.-C.) et Ramsès II lors de la bataille de Kadesh (1274 av. J.-C.).

Le dieu du soleil Rê portait également l'uraeus sur son disque solaire où Wadjet détruit les serpents des enfers, le doeat d'Apophis.

Lorsque Akhenaton (vers 1351-1334 av. J.-C.) ne vénérait que le dieu du soleil Aton, seul l'uræus subsistait sur le disque solaire.

Textes

Livre des morts

Le **Livre des morts** (traduction littérale : *Le livre des morts*) est le nom d'un ensemble de textes écrits notamment sur papyrus qui étaient remis avec le défunt dans la tombe pendant le Nouvel Empire, la troisième période intermédiaire et la période tardive. En arabe, il est appelé " Kitâb al Mawtâ/كتاب الموتى ". Il s'agissait d'une partie essentielle du culte d'Osiris, dans lequel il devenait possible que non seulement le pharaon puisse espérer la vie éternelle, mais que cela s'applique également aux autres personnes justes. Pendant ce temps, 192 textes différents - chacun étant une sorte de sortilège magique - sont distingués. Le mot "livre des morts" a été introduit par l'érudit allemand Lepsius en 1842, bien qu'il ne s'agisse pas d'un livre mais d'une variété de rouleaux de papyrus, de textes funéraires sur les murs et de sarcophages. Le Livre des morts ne peut pas non plus être considéré comme une sorte de Bible pour les Égyptiens. Plusieurs sorts distincts ont été trouvés dans les tombes. Certains sorts étaient les mêmes dans plusieurs tombes et d'autres étaient uniques. Thèbes était la ville où la plupart des textes étaient fabriqués. Un rouleau de papyrus pouvait être fabriqué par des scribes. Ils transcrivent ensuite d'autres textes exactement comme le souhaite le client. Le prix d'un parchemin pouvait être élevé, en fonction du niveau du scribe et du nombre de sorts avec images que l'on souhaitait.

La vie après la mort

Les sorts étaient souvent accompagnés d'une vignette, une représentation symbolique résumant le contenu du sort. Les textes eux-mêmes s'inscrivent dans la continuité de textes religieux plus anciens, tels que les textes des Pyramides et les textes des Sarcophages. Contrairement aux textes des Pyramides, les sorts du Livre des Morts ont des titres. Le but de ces sorts était de fournir aux morts des moyens de survie et de protection contre les dangers de l'au-delà. Ils formaient une sorte de guide de voyage pour la traversée des enfers. Le voyage a traversé des eaux dangereuses où sont apparus divers monstres. En utilisant les sorts, les monstres pouvaient être réduits au silence. Enfin, le défunt devait arriver à la "salle du jugement".

Mandat d'arrêt

Le thème central est le jugement de la mort, auquel tout défunt est soumis, et le voyage du défunt dans l'au-delà. Pendant le tribunal où le défunt est jugé par 42 juges, le défunt fait une confession négative. Ce faisant, il énumère toutes sortes de mauvaises choses qu'il *n'a pas faites de son vivant*, niant ainsi ses péchés. Le cœur du défunt est pesé dans une balance, la Ma'at (justice) sous la forme symbolique d'une plume servant de contrepoids. Si le cœur était également lourd, c'est-à-dire non chargé de péchés, le défunt était admis aux enfers avec Osiris ; si le cœur était chargé de péchés, le défunt était mis en pièces par Ammit.

Préservation des textes

Bien qu'il y ait déjà eu des sorts sur les murs de diverses tombes, la Renaissance égyptienne du pharaon Akhenaton a provoqué une croissance rapide de la collection des divers sorts. En conséquence, de nombreux textes ont été mis sur papyrus. Souvent, les textes en papyrus étaient posés entre les tiges de vent de la momie. Parfois, ils étaient enroulés dans une statue de Ptah-Sokar-Osiris. Les parchemins d'Anni, sont particulièrement bien conservés grâce à cette dernière.

Tombeau de Toutankhamon

Certains sorts (incantations) ont également été trouvés dans la tombe de Toutankhamon. Elles se trouvaient à l'intérieur du couvercle extérieur (sanctuaire) du cercueil.

Livre des Portes

Le **Livre des Portes** est une ancienne écriture sacrée égyptienne. Le livre date du Nouvel Empire et traite de l'âme d'une personne récemment décédée, qui est en voyage vers le paradis ou l'*autre monde*. Pour atteindre le paradis, l'âme doit passer par plusieurs étapes : les enfers, la nuit, et une série de 12 portes séparées les unes des autres. Chaque porte du voyage fait référence à une déesse, et pour passer une telle porte, le défunt doit reconnaître et admettre la personnalité particulière de la déesse correspondante. Selon le texte, certains entreront dans les portes en triomphant injustement, mais les autres disparaîtront dans une mer de feu.

Les déesses associées aux portes portent des titres différents et des vêtements de couleurs différentes, mais toutes se ressemblent et ont une étoile à cinq branches au-dessus de la tête. La plupart de ces déesses sont uniques dans la mythologie égyptienne ; elles n'apparaissent dans aucune autre écriture. Sur la base de ce fait, les égyptologues affirment que le Livre des Portes a été conçu pour lire l'heure la nuit. Selon cette théorie, chaque déesse représente une heure différente.

Les déesses du Livre des Portes sont successivement :

1. Décapitateur des ennemis de Râ
2. Veille sage du Seigneur
3. Ceux qui percent le Ba
4. Une personne de grande puissance
5. Celle qui est sur son bateau
6. Un leader qui réussit
7. Celui qui repousse le serpent
8. Dame de la nuit
9. Celle qui est en admiration
10. Ceux qui décapitent les rebelles
11. L'étoile qui repousse les rebelles
12. Le témoin de la magnificence de Ra

Les querelles d'Horus et de Seth

La **bataille d'Horus et de Seth est un** mythe de la mythologie égyptienne qui apparaît sous différentes formes. Le mythe a une signification politique claire car son thème principal est la légitimité de la succession au trône. Il s'agit d'une version d'un conte de fées également connu dans diverses cultures ultérieures (AT 613, "Les deux voyageurs (vérité et mensonge)").

Le thème central est la bataille pour le trône d'Égypte après que Seth a tué son frère Osiris. La bataille oppose l'héritier légitime du trône, Horus, le fils d'Osiris, à son oncle Seth qui a pris le trône par la force.

Papyrus Chester Beatty I

Dans la version du papyrus Chester Beatty I, l'histoire commence par un procès. Après la mort d'Osiris, qui avait mené un règne de paix et de prospérité, son frère et meurtrier Seth prétend au trône. Cependant, grâce à la magie d'Isis, Osiris a reçu un fils et un successeur après tout. Les dieux, sous la présidence de Râ, doivent prononcer un jugement, mais il y a désaccord. Bien que Horus soit clairement l'héritier légitime, de nombreux dieux favorisent encore Seth. Après tout, Horus est encore jeune, et Seth ne serait-il pas un meilleur roi ? Après tout, il voyage avec Râ dans la barque solaire et chasse son ennemi Apophis. Enfin, on demande conseil à l'ancienne déesse de la guerre Neith. Elle rend un verdict : Horus doit monter sur le trône, mais Seth doit être dédommagé. Elle menace même de faire tomber le ciel sur l'Égypte si son verdict n'est pas exécuté. Pourtant, les dieux ne sont pas d'accord. Dans la querelle, Râ est gravement offensé et il s'en va en boudant. Ce n'est que lorsque sa fille Hathor le réconforte qu'il revient. Elle lui montre ses parties pubiennes, ce qui le fait rire de bon cœur.

Pour empêcher Isis d'interférer, les dieux déplacent le procès sur une île. Cependant, la maîtresse de la magie et de la ruse parvient à tromper le colporteur et, une fois sur l'île, elle réussit à faire changer d'avis son frère Seth. Elle se transforme en une belle femme et cherche du réconfort auprès de Seth en racontant qu'un méchant l'a volée et a jeté son fils hors de la maison. Outré, Seth exprime sa condamnation du méchant, mais on lui fait alors comprendre qu'il vient de se condamner lui-même. Horus reçoit le trône après tout.

Pourtant, l'affaire traîne en longueur et devient de plus en plus floue. Enfin, Seth tente de le décider par un concours. Horus et Seth se transforment tous deux en hippopotame et plongent sous l'eau. Celui qui remonte à la surface de l'eau dans les trois prochains mois a perdu. Isis ne veut pas attendre pour ça. Elle jette une lance dans l'eau mais blesse accidentellement Horus avec. Heureusement, elle est capable d'utiliser sa magie pour soigner la blessure. La deuxième lance touche Seth, mais celle-ci joue sur son esprit : après tout, c'est son frère. Lorsqu'elle succombe à ses supplications et retire la lance, Horus est pris d'une grande colère et coupe la tête de sa mère dans un accès de rage. Il fuit vers les Oasis occidentales avec la tête d'Isis. Seth le poursuit, en partie pour se venger de la mort de sa sœur. Il arrache les deux yeux d'Horus. Les yeux sont enterrés et des fleurs de lotus en sortent. Par conséquent, le lotus est une fleur sacrée. Hathor, cependant, guérit les blessures d'Horus avec le lait d'une gazelle. Entre-temps, Thot a également guéri Isis par magie en lui donnant une tête de vache.

Les dieux sont choqués de voir que tout est devenu hors de contrôle. Ils rappellent les deux parties, mais lors d'un banquet, Seth tente d'humilier et de mettre Horus sur la touche en le violant. Horus, cependant, est plus malin que lui. Il parvient à attraper la semence de Seth dans ses mains avant qu'elle n'entre dans son corps. Il s'enfuit chez sa mère qui lui coupe la main afin de se débarrasser de la semence de Seth dans les marais. Avec ses sorts, elle soigne la blessure. Horus cherche maintenant à se venger de Seth. Il applique ses propres graines sur une tête de laitue, le légume que Seth aime tant. Seth mange la laitue et ainsi la semence d'Horus pénètre son corps sans qu'il s'en aperçoive. De retour dans la salle d'audience, la graine des deux dieux est invitée à témoigner. Au lieu de la semence de Seth dans Horus, la semence d'Horus répond sous la forme d'un disque solaire doré provenant du sommet de la tête de Seth. Après tout, la semence d'Horus était d'origine divine. Hols a encore gagné.

Seth est maintenant très furieux et défie Horus dans une course de bateaux. Pour rendre les choses intéressantes, il insiste pour utiliser des bateaux en pierre. Horus peint un bateau en bois de manière à ce qu'il ressemble à de la pierre. Le bateau de Seth est en pierre et coule, mais il se transforme rapidement en un terrible hippopotame qui attaque le bateau d'Horus.

Maintenant, les dieux en ont assez. Même Osiris, le dieu des morts, envoie un message et les dieux décident finalement que Horus sera le nouveau roi. Néanmoins, Seth reste un dieu important qui est très apprécié par le dieu du soleil. Avec le tonnerre qu'il provoque dans le ciel, il chasse toutes sortes d'ennemis maléfiques.

Variantes

Dans une autre version de l'histoire, Seth et Horus se transforment en toutes sortes d'animaux qui se battent entre eux. Lorsque Seth se transforme en un gros hippopotame rouge, il est tué à Éléphantine. Les eaux du Nil, dans le sud profond, sont encore agitées par l'énorme combat. Horus le tue d'un coup de lance et Isis découpe son cadavre et le donne en pâture aux chats et aux vers. Qu'il en soit ainsi pour quiconque ose violer le trône sacré de la Haute et de la Basse Égypte.